KINGS & QUEENS
OF EUROPE

欧洲的
国王
和女王

[英] 布伦达·拉尔夫·刘易斯　著

王欢欢　崔艺伟　译

广东人民出版社
·广州·

目录
CONTENTS

引　言

历史在很多方面都是黑暗的，欧洲大陆的王室历史也
不例外。例如，在15世纪和16世纪，吉尔斯·德·莱
斯（Gilles de Rais）和伊丽莎白·巴托里（Elizabeth
Bathory）都是大屠杀的凶手。德·莱斯和他在自己城堡
里犯下的罪行成了法国民间传说中野蛮的蓝胡子杀手的
故事。19世纪，比利时国王利奥波德二世（Leopold II）
通过在他的殖民地刚果自由邦实行的骇人听闻的刑罚和
野蛮的剥削，使非洲刚果的人口减少了70%。

在这本书中，并非所有的黑暗历史都与野蛮、邪恶或不道德有关。一些王室成员近亲结婚的不明智做法，以致他们的家族患上了精神错乱等疾病而走向毁灭。

15世纪的瓦拉几亚（Wallachia，现为罗马尼亚的一部分）大公弗拉德三世德古拉（Vlad III Dracula），也被载入了令人惊悚的欧洲史册。他可能是布莱姆·斯托克（Bram Stoker）1897年出版的小说《德古拉》（Dracula）中吸血鬼德古拉伯爵的原型。真正的弗拉德·德古拉则做得更出格：他专门用木桩刺穿敌人的身体，然后让他们缓慢而痛苦地死去。

有几位法国的国王也出现在这份名单中。最臭名昭著的当属14世纪的国王腓力四世（Philip IV）。腓力四世觊觎财富，又害怕十字军中最有声望的军事骑士团——圣殿骑士团的权力和影响力，于是他策划了一个极其邪恶的阴谋来摧毁他们。数以百计的圣殿骑士在遭受酷刑并且屈打成招之后，仍然难逃死亡或致残的命运。

后来有两位法国国王，路易十四（Louis XIV）和路易十五（Louis XV），虽然做事待人相对文明，但仍然应该受到谴责。他们极尽放荡不羁、花天酒地之能事。路易十五在凡尔赛宫附近有自己的私人妓院，他经常到那里让一群年轻女孩给

下图：《路易十四家族》绘于1711年，作者是尼古拉斯·德·拉尔吉利埃（Nicolas de Largillière）。这幅画展示了路易十四（坐者）的一些合法继承人，当然他的许多私生子不在其中。

他提供服务。在17和18世纪，人们甚至希望国王们能有一个情妇，作为国王接受包办婚姻并生育王位继承人的补偿。路易十四和路易十五都通过这一传统获得了很多的"补偿"。

欧洲王室婚姻的初衷大概是为了保持王朝血统的"纯正"，并保留王室家族的权力、财富和影响力。但由于几乎是乱伦的近亲繁殖，他们生出的许多孩子在身体和精神上都存在严重的先天缺陷，像怪物一样，以至于他们的家族都不敢对外透露真相。

西班牙的哈布斯堡家族和巴伐利亚的维特尔斯巴赫家族饱受着精神错乱及其骇人听闻症状的困扰。他们甚至遭受了终生的折磨，其中包括病态的恐惧、幻觉和残暴。遗憾的是，他们中的一些人知道自己正在逐渐失去理智，但依然不可避免地被卷入疯病的旋涡之中。还有一个祸害当属血友病，一种可怕的出血性疾病，摧毁了两个欧洲王室，毁掉了许多人的生命。

当然，在黑暗的历史中，丑闻总是层出不穷。巴伐利亚国王路德维希一世（Ludwig I）被认为是个不幸的老傻瓜，因为他迷恋上了一个叫劳拉·蒙特斯（Lola Montez）的女人，而正是这个蛇蝎美女让他失去了王位。瑞典女王克里斯蒂娜（Christina）的性取向不明，她的古怪行为震惊了巴黎和罗马。荷兰和摩纳哥的王室，以及罗马尼亚的卡罗尔二世（Carol II），为无孔不入的现代媒体长年提供桃色新闻话题。这不是一本为胆小者写的书。写这本书需要很大的勇气。它可能需要另一个人来读给你听。

法兰西王国的腓力四世
和圣殿骑士团

圣殿骑士团大团长雅克·德·莫莱（Jacques de Molay）
并没有什么可失去的，他在一群法国高级教士面前承受
了一系列可怕的指控，这些指控最早是在1307年针对
他的所罗门圣殿骑士团提出的。

左图：被腓力四世诬陷犯罪的圣殿骑士被烧死，腓力（骑在马背上者）在一旁
看着。
上图：雅克·德·莫莱。

这些指控纯属捏造，是大团长不共戴天的死敌腓力四世所为。这些指控包括否认基督和他的使徒、亵渎神明、不正当性行为和同性恋行为，这些行为据说在广为人知的圣殿骑士团中十分猖獗。距离第一次对骑士团提出这些指控已有七年，但无论在这一天——1314年3月18日——发生什么，德·莫莱能想到的最差的结果就是在中世纪被当作监狱的臭气熏天的洞穴里度过余生。

最后一刻的决定

德·莫莱当时大约70岁，在他的时代，这被认为是极度高龄。他深感羞愧，因为他害怕酷刑和火刑的痛苦，他已经承认了教长对他的一些指控。现在，他被要求重申自己的"罪行"，并在巴黎圣母院大教堂前聚集围观的人群面前做这件事。不过这一次，他迸发出了一股潜在的勇气，尽管他清楚地知道后果，他还是决心改变主意。

他对众人说："在如此庄严的时刻，在我的生命即将终止的时刻，我应该揭露

上图：这幅由法国艺术家弗朗索瓦·玛留斯·格兰纳（François Marius Granet）创作的绘画描绘了一位圣殿骑士的就职典礼。他在教堂和修道院内画了许多场景，并且和许多人一样对圣殿骑士非常崇敬。

一些长久存在的欺骗行为，说出一些真相，这是唯一正确的。在苍天、大地和你们所有人面前……我承认我犯了最严重的罪孽。但令我感到羞耻和不光彩的是，我的罪孽在于我让自己……说出并承认那些对圣殿骑士团的令人厌恶的指控的谎言……我声明，而且我必须声明，圣殿骑士团是无辜的……我不屑于通过在原来的假话上嫁接另一个谎言，来寻求悲惨和耻辱的生存。"

这一由所有圣殿骑士中最资深的人宣布的声明引起了现场的骚动和不安，更重要的是，德·莫莱得到了另一位杰出的圣殿骑士——诺曼底地方分团团长盖伊·德·夏尔奈（Guy de Charnay）的支持。德·莫莱还没来得及说什么，他和德·夏

腓力四世期待已久的复仇

腓力四世为这一刻等了很久，从此以后他一劳永逸地消灭了圣殿骑士。他的动机包括对圣殿骑士财富的贪婪以及对他们权力的恐惧和嫉妒。他的方法是提出最恶劣的指控。现在，经过七年的谎言、假证据和在法庭上做证的假证人，腓力不会让德·莫莱——这个他眼中的战利品、俘虏——在揭穿他的阴谋后逍遥法外的。在德·莫莱改口的几小时后，他和德·夏尔奈被带到贾维沃岛（Ile-des-Javiaux），这是塞纳河上的一个小岛，位于王家花园和圣奥古斯丁修道院之间。他们被绑在木桩上，他们脚下的木头被点燃，两个人被烧死了。据目击者说，德·莫莱和德·夏尔奈以尊严、冷静和勇气迎接了他们可怕的结局。对于许多目睹他们死亡的人来说，他们二人瞬间成了殉道者。有些人等到灰烬冷却后，去筛选出一些骨头，像对待圣物一样保存和敬仰。

上图：腓力四世，绰号"美男子"，于1285年成为法国国王。除了圣殿骑士团外，腓力四世还与教皇卜尼法斯八世（Boniface VIII）发生了争执。1305年，他在阿维尼翁任命了自己的竞争对手教皇克莱门特五世（Clement V）。

尔奈二人就被立即抓住，拖回了监狱。另外两名圣殿骑士雨果·德·瑞劳德（Hugues de Rairaud）和杰弗里·德·戈纳维尔（Geoffroi de Goneville）既没那么勇敢，也没那么绝望；他们分别远离了大团长和地方分团团长。破坏已然造成，所罗门圣殿骑士团和它的大团长站在了最终惩罚的边缘。

1314年，德·莫莱和德·夏尔奈在火刑柱上被烧死后，只剩下焦黑的骨头和灰烬。没有什么比这更能鲜明地象征1307年至1314年间圣殿骑士团的悲剧和毁灭了。腓力四世的复仇已经完成。

护卫组织

在1095—1099年第一次十字军东征中，基督教武装取得了辉煌的成功。圣殿骑士团是第一批为了应对圣地的新局势而建立的军事和宗教组织之一。穆斯林军队被彻底击败，十字军在的黎波里、安条克、埃德萨以及最负盛名的耶路撒冷建立了十字军王国，耶路撒

上图：这幅画描绘的是1295年，54岁的雅克·德·莫莱作为圣殿骑士团大团长的就职典礼。到目前为止，我们对莫莱的生平知之甚少，但他已成为圣殿骑士团中最著名的一位大团长。

冷在经过漫长而血腥的围攻后，于1099年7月15日沦陷。基督教新获得的领地需要防御和援助；为此，在第一次十字军东征结束后不久，军事和宗教骑士团应运而生。

其中包括：耶路撒冷圣墓骑士团，他们的任务是保卫耶路撒冷这个最重要的基督教礼拜中心；耶路撒冷圣约翰医院骑士团，也就是提供医疗服务的医院骑士团；圣殿骑士团。与医院骑士团一样，成立于1118年的圣殿骑士团主要由法兰克骑士组成。他们的任务是为朝圣者提供武装护送和保护，因为这些朝圣者要经过漫长而艰苦的旅程来到圣地。

耶路撒冷是这些朝圣活动的情感焦点，这些朝圣活动甚至在公元638年穆斯林占领这座城市之前就已经是大规模事件。但是，前往圣地，或者仅仅是在圣地停留，可能是一件危险的事情。手无寸铁的朝圣者会被擅长快速袭击和逃跑战术的匪徒伏击、抢劫、杀害、绑架，甚至被当作奴隶卖掉，然后这些匪徒就会消失在沙漠中。第一批志愿护卫朝圣者免受无情敌人攻击的圣殿骑士只有9人，不过他们都非常适合这项任务。

贵族骑士

所有的圣殿骑士团成员都出身贵族，都与有权势的家族有着密切的关系。他们都来自法国东北部的香槟区和勃艮第区一带，他们的领袖雨果·德·帕英（Hugues de Payens）出生在特鲁瓦（Troyes）附近，很可能是香槟伯爵的亲属和封臣。香槟伯爵是法国最有权势和声望的巨头之一，致力于十字军东征的事业，实际上独立于法国国王。毫无疑问，香槟伯爵是德·帕英最富有、最有权势的支持者。但圣殿骑士团并没有因为他这种显赫的地位而享受荣华。相反，他们选择了秉持与修士们一样贫穷、贞洁、服从和谦逊的信念，愿意通过乞讨获得食物，过着纯洁、自律的生活。从他们最初的名字——基督和所罗门圣殿的穷骑士，可以说明一些他们当时的情况。

信念的改变

然而，随着时间的推移，圣地的现实生活和基督教社会的世俗特性共同改变了圣殿骑士团的信念。圣殿骑士们保留了他们的军人身份，事实上他们也是战场上最有战斗力的军队。他们体现了中世纪的两大特点——狂热的信仰和强大的战斗能力，他们很快就成了名人，成为基督的勇敢捍卫者，激起了大众的想象。

他们还吸引了有钱有势的支持者，包括教皇本人。骑士团成立仅10年或12年后，安茹伯爵富尔克（Fulk，后来的十字军耶路撒冷王国第四任国王①）和后来的香槟伯爵蒂博二世（Thibaud II）等显赫的权贵都成了圣殿骑士，并向圣殿骑士赠送了大笔资金。仅富尔克一年就资助了30磅白银。

下图：一位在马背上作战的圣殿骑士。这幅图来自一份14世纪的手稿。

————
① 安茹伯爵富尔克为第二任耶路撒冷王国国王鲍德温二世的女婿，鲍德温二世死后，富尔克与其妻共治。——译者注

另一方面，贵族和教会人士将丰厚的收入和精美的财物挥霍在圣殿骑士团身上，其规模之大使骑士们获得了他们从未追求过也从未想象过的地位。他们变得富有，享有特权，在政治和外交上都具有重要地位。最终，据估计，圣殿骑士团拥有900处房产，其中许多都是由来自显赫家族的新成员捐赠给骑士团的，这些新人不被允许拥有个人财产。随着时间的推移，骑士团在英格兰、意大利、塞浦路斯、德意志和法兰西地区建立了自己的地位，在这些地方拥有总共870座城堡、学校和房屋。此外，圣殿骑士还在圣地——雅法（Jaffa）、阿克（Acre）、西顿（Sidon）、采法特（Safed）和其他地方建立了主要城堡。但是圣殿骑士们所获得的好处不仅仅是物质上的。他们得到了教皇的特别保护，教皇英诺森二世（Innocent II）1139年颁布的教皇诏书宣布他们不受任何其他司法管辖，无论是教会还是政府。而且圣殿骑士获得的财产都是免税的：他们甚至不必支付常规的教会什一税。

正当的金融家

罗马对圣殿骑士团做出的最重要的让步可能就是免除了对他们的高利贷禁令，而高利贷很久以前在基督教世界中就声名狼藉了。这使得圣殿骑士团能够建立银行和其他金融机构，这些机构最终包含了今天常见的大部分银行职能——流动账户，安全存款，贷款和信贷，国际货币转账，信托服务，保管和押运珠宝、黄金或其他宝藏。圣殿骑士团的诚实和效率激发了人们对他们的信任，以至于一些欧洲王公，甚至一些富有的穆斯林允许他们管理自己价值不菲的小金库。

尽管如此，当时的形势并非尽善尽美。圣殿骑士获得的奢华的优待、特殊的待遇、大量的财富和非凡的特权意味着他们很快就被视为被宠坏的宠儿，当然，他们也因此而被深恶痛绝。到1295年，当雅克·德·莫莱成为圣殿骑士团的大团长时，圣殿骑士就经常被指责有奢侈成风、炫耀财富和名誉、鼓励骄傲甚至傲慢等罪恶。1307年，德·莫莱因未能效仿两个世纪前雨果·德·帕英所实行的克己精神而受到了人身攻击。在要求严格的基督教虔诚世界里，这些都是非常严重的指控。更重要的是，穆斯林军队成功地挑战了十字军在圣地的权力，使十字军的热情陷入衰退，人们愈发对圣殿骑士团群起攻之。穆斯林军队重新占领了十字军王国和"异教徒"手中的其他领土，到1303年，最后一批十字军被限制在位于地中海的阿尔瓦德（Arwad）小岛，距离今天的叙利亚海岸约3公里。欧洲曾有人建议发起另一场

PHILIPPE LE BEL·

上图：法国的腓力四世"威严"地坐在他的宝座上，两侧有两头狮子。腓力四世在一次狩猎旅行中被野猪咬伤身亡。他的三个儿子最终都成为法国国王。

十字军东征，但是未能引起大家更多的兴趣。

上图：这份中世纪手稿描绘了圣殿骑士团的毁灭和国王腓力四世的死亡，腓力四世仅比殉道者雅克·德·莫莱多活了八个月。

十字军的衰落

极不光彩的失败严重损害了十字军军事组织的地位，而两百多年来，这种军事组织地位一直是十字军东征过程中不可分割的一部分。这比简单的面子损失要糟糕得多。那些成功和荣耀也随之消失了。在中世纪的迷信思想中，十字军所获得的地位有一个重要原因就是人们的恐惧感，如恐惧魔鬼及其所作所为。在这种恐惧心态之下，十字军以一种颠覆性的方式进入教会。事实上，十字军东征的失败和十字军的衰落正好给了法国国王腓力四世一个机会，他需要打击基督教世界最负盛名的两大机构：教廷和圣殿骑士团。

穆斯林军队成功地挑战了十字军在圣地的权力，使十字军的热情陷入衰退。

左图：两名背靠背绑在一起的圣殿骑士因异端邪说罪而被烧死。这是发生在法国部分地区的一幕，通常有大量群众参加。

作为审讯方式的酷刑

中世纪的酷刑有许多"改进"之处。因犯的四肢被固定在拉肢刑架上拉扯，使他们的关节脱臼；他们的骨头被拇指夹、脚趾夹或压脚靴粉碎掉；他们的嘴被强行撑开，以至于他们的下颌破裂；他们的牙齿或指甲被拔掉；他们的腿被固定在铁架里，脚底被涂上油脂，然后被点火烧脚。这些酷刑带来的痛苦是如此强烈，伤害是如此巨大，以至于一位名叫伯纳德·德·瓦多（Bernard de Vado）的神父的脚跟骨从他烧焦的皮肤中掉了出来。德·瓦多被迫认罪了，但后来他又收回了他的供词，并将他那被烧得发黑的脚跟骨头作为纪念品送给了他的审讯官。

尽管许多圣殿骑士在遭受酷刑后死去，他们仍然坚定地宣称自己是无辜的，但德·瓦多的那种桀骜不驯的勇气并不常见，而且认罪率很高。在巴黎接

上图：烧脚的酷刑甚至在中世纪之后仍然存在。在这幅画中，一位阿兹特克祭司在16世纪20年代早期被西班牙征服者用烧脚这一酷刑折磨。

受审讯的138名圣殿骑士中，只有4个人没有认罪，其他人都承认了对他们的指控。也许他们是以德·莫莱大团长为榜样：德·莫莱大团长受到了极其惨烈的酷刑，他的胳膊、腿和睾丸都被剥了皮，最终他还是屈服并签字。其他备受瞩目的圣殿骑士，包括诺曼底地方分团团长盖伊·德·夏尔奈和雨果·德·瑞劳德也投降了。德·瑞劳德的处境对他很不利，因为有几个圣殿骑士同伴曾指名道姓地说他是导致他们误入歧途的人。

末日来临之初

　　腓力四世的第一个目标是教皇卜尼法斯八世。卜尼法斯八世在1301年宣布："上帝将教皇置于国王和王国之上。"这是对欧洲君主日益增长的自信的直接打击，此前他们对自己的荣耀和伟大地位有着绝对的信心。

上图：中世纪酷刑的众多形式之一是吊刑，如图所示，一个犯人在审讯官的注视下被施刑。吊刑就是用绳子将犯人的双手绑在背后，然后将他悬在空中，使他的手臂脱臼。

　　作为回应，腓力四世派出了一群"暴力犯罪团伙"。1303年9月7日，由国王的枢密大臣纪尧姆·德·诺加莱特（Guillaume de Nogaret）率领的法国军队，出现在罗马附近阿尼亚尼（Agnani）的教皇私人隐居地，并强行要求卜尼法斯辞职。当卜尼法斯拒绝时，据说诺加莱特对他进行了殴打，并威胁要将他处死，尽管似乎没有什么确凿的罪证。教皇在3天后被释放，但一直没有从惊吓中恢复过来。无论诺加莱特对他做了什么，对打击一个86岁的老人来说已经足够了，他此前一直认为自己的人身是神圣不可侵犯的。一个月后，即1303年10月11日，卜尼法斯去世。

恶毒的攻击

当时的形势非常适合腓力四世攻击圣殿骑士团，在1307年9月13日，他毫不留情地用夸张的、充满杀意的语言提出了指控。

腓力四世这样形容圣殿骑士的"令人发指的行为"："一件痛苦的事，一件可悲的事，一件想起来就觉得可怕、听起来都觉得令人恐怖的事，一件可怕的罪行，一件可憎的恶行。"他声称圣殿骑士团"可憎行为"的恶劣程度超过了"非理性的野兽"，认为他们的兽性令人吃惊，"（并）让自己处于充满了令人极其憎恶的叫声的环境中，这甚至是'非理性的野兽'都会憎恶和避免的"。

这份声明体现了中世纪的迷信和对堕落性行为的恐惧，为1308年夏天最终确定的指控奠定了基础。腓力四世认为，圣殿骑士不仅犯有亵渎上帝和同性恋的罪行，而且还犯有食人、杀婴和虐待儿童的罪行，并涉足巫术和超自然力量。据说他们还崇拜巴弗灭，这是一种恶魔，它的形象是一个已经过防腐处理的头颅，或长着

腓力四世认为，圣殿骑士不仅犯有亵渎上帝和同性恋的罪行，而且还犯有食人、杀婴和虐待儿童的罪行，并涉足巫术和超自然力量。

右图：国王腓力四世眼睁睁地看着圣殿骑士被处死。右上方显示的是用来烧死他们的木桩。

一个羚羊的头颅和一双山羊的蹄子的神像。

此后，腓力四世在接下来的一个月里组织了大规模的逮捕行动。1307年10月13日，在法国各地，大约有15000名圣殿骑士和其他与他们有关的人——仆人、佃户、农民、牧羊人——被抓起来，扔进了王室地牢或囚禁在城堡里。随后，修士们被派往法国各地的教堂，宣扬反对圣殿骑士的言论，从而激起民众对他们的愤怒。

被拘留的高级圣殿骑士的比例相对较小，大约只有二十分之一：包括138名骑士和大约500名军士和其他骑士团的"兄弟"。然而，腓力四世已经逮捕了一些最重要的领导人，包括大团长雅克·德·莫莱。就在莫莱被捕的前一天，他看起来还受到王室的高度宠信，在国王妹妹的葬礼上担任护柩者。腓力四世立即征用了圣殿骑士团的土地和财产，因为在逮捕他们之前，他已经下令对这些土地和财产进行调查。但是他从未得到过圣殿骑士团的记录文件：尽管进行了大量的搜查，但这些文件还是消失了，要么被烧毁了，要么被藏起来了，要么被大约50名骑士偷偷带走了，这些骑士显然事先得到了逮捕的警告，然后从拉罗谢尔（La Rochelle）港口乘船从海上逃跑了。

对检察机关来说，没有记录在案的证据并不是问题。中世纪法庭上的检察官依靠从被告或愿意填写指控细节的证人那里提取供词。并不是所有的人都是诚实的，有些人就有自己的目的。例如，1305年，腓力四世第一次接到圣殿骑士行为不端的指控，来自一个自称曾是圣殿骑士团成员的罪犯，名叫埃斯奎因·德·弗洛伊兰（Esquin de Floyran），他显然早已对圣殿骑士团心怀怨恨。德·弗洛伊兰之前就进行过一次尝试：他在阿拉贡国王詹姆斯二世（James II）的宫廷里，曾经第一次试图败坏圣殿骑士的声誉，但没能成功。腓力四世究竟是通过这种掩护来掩盖他自己的意图，还是他比詹姆斯二世更容易受到别人的言论影响，我们目前尚不清楚，但他肯定愿意根据收到的信息采取行动。

越来越多的阴谋诡计

国王还派特工去寻找其他持不同政见的圣殿骑士。在几个心怀不满的人中，艾蒂安·德·特鲁瓦（Etienne de Troyes）和让·德·弗利亚科（Jean de Folliaco）都是特别有用的：他们都声称自己是被迫否认基督和他的使徒们的。德·特鲁瓦说得更圣殿骑士们根本没有希望得到公正的待遇，因为腓力四世想尽一切办法来"操纵"对他们不利的最终判决。任何认罪后又撤回认罪的圣殿骑士，都可能被判处为放弃信仰的异教徒之后被烧死。

加夸张，他讲述了自己如何被迫冲着十字架吐口水，如何受到同性恋者的关注，如何敬拜一个被砍下头的偶像。诸如此类的戏剧性证词一方面旨在震慑法庭，通过这种性质的审判所依据的指控推动罪名的成立。

同样，刑讯逼供也是一种常用的手段。可能是基于这样一个前提，魔鬼会因身体遭受痛苦而吐露他的邪恶秘密。教皇格列高利九世（Gregory IX）在1231年建立的罗马宗教裁判所在1252年被允许使用酷刑，但不仅仅有身体上的刑罚，还有心理上的折磨：不让囚犯们睡觉，让他们保持清醒并挨饿。只有当他们在某一个阶段拒绝招供时，宗教裁判所才会进入下一阶段，开始实施酷刑折磨他们。

最终，腓力四世的宗教裁判所迫使法国的大多数圣殿骑士说出供词，以换取赦免和自由的承诺。受害者们很快就发现了这些承诺多么不切实际。当酷刑结束后，他们无一例外地被带回冰冷的、卫生条件极差的牢房，那里没有稻草可以躺在上面，也没有遮盖物可以御寒。

1308年，一位支持圣殿骑士团的匿名的记录者写道："人类的语言无法表达那些无辜者所遭受的惩罚、苦难、痛苦、嘲讽和各种可怕的折磨。"真相会杀死他们，而谎言却能将他们从死亡中解救出来。

出于宣传目的，一些圣殿骑士被送到法庭上重复述他们的供词。然而，有些人却反悔了，包括雨果·德·瑞劳德和大团长德·莫莱。1309年，在教皇克莱门特五世派往巴黎的两位红衣主教的见证下，瑞劳德和德·莫莱撤回了他们的供词。教皇最初打算抗议对圣殿骑士团的迫害，但后来在面对腓力四世的威胁时改变了主意，威胁包括如果他拒绝服从王室的命令，他的生命就会受到威胁。

这句话具有深刻的嘲讽意味。圣殿骑士们根本没有希望得到公正的待遇，因为腓力四世想尽一切办法来"操纵"对他们不利的最终判决。任何认罪后又撤回认罪的圣殿骑士，都可能被判处为放弃信仰的异教徒之后被烧死。腓力四世那个阴险的门徒——律师纪尧姆·德·诺加莱特，甚至在被告还在法庭上做证的时候就散布反对圣殿骑士的谣言。国王让法庭挤满了对圣殿骑士团心怀敌意的证人，并从巴黎大学请来了神学家，大肆宣扬他是基督和教会的捍卫者，英勇地与"堕落的"圣殿骑士团做斗争。

最后一击

最后，在1310年，腓力四世采取了措施，结束了这种忏悔和撤回的重复。在那一年的5月12日，54名圣殿骑士，都是已经被判为放弃信仰的异教徒，被带到巴黎郊外的圣安托万德尚大桥（Pont St Antoine des Champs）附近的空地上，被绑在火刑柱上用慢火烧死。截至月底，又有67人以同样的方式被处死。那些一直否认指控的人被终身监禁。只有那些认罪并坚持认罪的人才有希望逃脱牢狱之苦。在1311年6月5日，经过持续两年多的审理，审判终于结束了。

城堡中的屠杀：莱斯男爵吉尔斯·德·拉瓦尔

从表面上看，莱斯领主吉尔斯·德·拉瓦尔（Gilles de Laval，1404—1444，即前文吉尔斯·德·莱斯）丝毫没有表现出有朝一日会让整个欧洲基督教教徒们感到恐惧的凶残本性。相反，他看起来似乎是一个英勇的战士，是一个慷慨的音乐、文学和美术赞助人。他还以他对宗教的虔诚和对穷人的慈善而闻名。然而，在这个拥有巨大声望的面具之下，却隐藏着一股非同寻常的虐待狂的心理倾向。

1415年，他的父母去世后，吉尔斯·德·拉瓦尔由他的教父让·德·克拉翁（Jean de Craon）抚养长大。在德·克拉翁的溺爱之下，吉尔斯变成了一个被宠坏的孩子，想要在任何事情上为所欲为，得寸进尺。似乎没有人试图来管教他。在吉尔斯16岁时，他绑架了一位富有的女继承人，并娶了她。随着时间的推移，他把她的财产和自己的财产都挥霍一空。他从军期间在战场上的行为也不太光彩，因为他很早就表现出嗜杀和掠夺的兴趣。

献祭的儿童

吉尔斯的堕落行为没有被发觉，或者说被忽视了好几年，直到他结束军事生涯并居住在法国西部南特附近的蒂福日城堡（Castle of Tiffauges）。在蒂福日，吉尔斯开始接触神秘学，而且被一位佛罗伦萨女巫说服，他可以通过向一个叫巴伦（Barron）的恶魔献祭儿童来重新获得他失去的财富。不久之后，那些大多数被送到蒂福日乞讨的小男孩，就再也没有回家。

随着时间的推移，一些恐怖的故事开始从蒂福日流传开来，其中有纵性狂欢的故事，也有关于酷刑、不正当性行为和黑魔法的指控。起初，人们考虑到吉尔斯的英雄声誉，认为这些故事都只是流言蜚语。尤其是当那些流言蜚语涉及像莱斯领主这样地位显赫的人物时，就更加令人难以置信。直到这位莱斯领主犯了一个大错误。

1440 年 5 月 15 日，他与一位神职人员让·勒·费伦（Jean le Ferron）就一座城堡的所有权问题发生了争执。一怒之下，吉尔斯·德·拉瓦尔抓住了勒·费伦，并将他囚禁起来。对于一位备受尊敬、虔诚而又彬彬有礼的骑士来说，这完全不符合他的性格，以至于一位颇具影响力的南特主教让·德·马莱特鲁瓦（Jean de Malestroit）决定调查吉尔斯·德·拉瓦尔的行径。他在蒂福日调查到的事实非常可怕，1440 年 9 月，吉尔斯·德·拉瓦

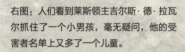
右图：人们看到莱斯领主吉尔斯·德·拉瓦尔抓住了一个小男孩，毫无疑问，他的受害者名单上又多了一个儿童。

尔被逮捕，并受到酷刑的威胁。相对于那些可怕的酷刑，吉尔斯更愿意承认他所犯下的一长串可怕的罪行。

　　他的部分供词过于可怕，以至于在审判中许多细节都被从记录中删除了。这些证据和其他证据，包括在吉尔斯的城堡里挖出的50具小男孩的尸体，揭示了这位卓有声望的莱斯领主犯有崇拜撒旦，异端邪说，不正当性行为，叛教，亵渎上帝，绑架以及用酷刑折磨、谋杀和残害80至200名儿童的罪行。这些孩子通常会被砍头，法庭还听取了领主的同谋亨利埃特（Henriet）和普瓦图（Poitou）如何展示被砍下的头颅，以便他们可以选择最喜欢的一个。

"肉体的愉悦"

　　在法庭上，吉尔斯·德·拉瓦尔似乎拥有两个完全矛盾的人格。一会儿，他还是一个凶狠而骄傲的贵族，辱骂胆敢对他进行审判的法官。过一会儿，他又会宣称自己有虔诚的基督教信仰，然后泪流满面。无论他怎么表现，他都毫不掩饰自己有多喜欢看着那些年少的受害者缓慢而痛苦地死去。当法......释原因时，他回答说，这种奇观给他带来了"快乐和肉体的愉......10月，吉尔斯·德·拉瓦尔、亨利埃特和普瓦图因其罪行被处以......斯还同时被处以火刑。

　　那些生活在严酷、残忍的中世纪欧洲世界中的人不会轻易受到惊吓，但吉尔斯·德·拉瓦尔，即莱斯领主，犯下了如此多严重的罪行，以至于他成为全世界邪恶的象征。他的名字很快就进入了欧洲的传

右图：这是莱斯领主吉尔斯·德·拉瓦尔的徽章，该徽章图案显示他骑在马背上，手里拿着剑。这种设计是典型的贵族风格，他们既是军事领袖，也是封建领主和大地主。

说，而且，就像经常发生的那样，他被父母当作妖魔鬼怪来吓唬孩子们，好让孩子们听话。蓝胡子的民间故事，最早由夏尔·佩罗（Charles Perrault）在他的《过去时代的历史或故事》（*History or Tales of Past Times*，1697年）中记录，也可能源自吉尔斯·德·拉瓦尔的恐怖故事。蓝胡子是一个富有的贵族，他谋杀了自己的7个妻子，并将她们的尸体挂在他城堡中一个血流成河的房间的墙上。莱斯领主屠杀的人数是这个数字的30倍。虽然具体的数字存疑，但这个数字，足以使他的名字始终保持在世界上杀人最多和最可怕的连环杀手相关的榜单中。

瓜分战利品

　　8个月后，教皇克莱门特五世发布教皇诏书，正式取缔了圣殿骑士团。有人劝说腓力四世放弃圣殿骑士团的财产，这些财产后来被移交给了医院骑士团。腓力四世保留了10%作为他在这笔交易中的佣金。圣殿骑士团在德意志、意大利和塞浦路斯的部分财产转入其他人手中，而在英格兰的财产起初被交给了国王爱德华二世

右图：1305年当选的教皇克莱门特五世，他与法国国王腓力四世合作，消灭了圣殿骑士团。和腓力四世一样，克莱门特五世死于1314年，也就是圣殿骑士们最终被消灭后不久。

（Edward II）任命的管理员，不久之后，爱德华把这些财产送给了他当时的同性男友皮尔斯·加韦斯顿（Piers Gaveston），他对这位生活奢靡的同性男友情有独钟。然而，在1312年，也就是加韦斯顿被爱德华愤怒的贵族们谋杀的那一年，教皇下令将英格兰圣殿骑士团的土地移交给医院骑士团。尽管受到英格兰国王的抵制，但是在1313年11月，移交手续如期完成。

接下来的一个月，雅克·德·莫莱和其他三名较高级别的圣殿骑士再次在巴黎受审，这一次他们面对的是一群令人生畏的专家——红衣主教、高级教士、神学家和律师。在持续三个月的审判后，人们期待着新的供词，但是德·莫莱拒绝提供。相反，他坚持他最后一次的改口，毫不退缩地死在烈火中。在他生命中最辉煌的时刻，也是最后的时刻，他完成了自我救赎，挽回了自己的荣誉。

腓力四世没能长久地享受战胜圣殿骑士团和教皇的胜利果实。教皇也从王室的自负中吸取了有益于自身长存的教训，再也没有尝试将自己的地位凌驾于国王之上。腓力四世死于1314年11月29日，比雅克·德·莫莱晚八个月。有人说他的死因源于上帝的旨意；另一些人，也有着类似的判断，认为他死于长期的良心不安。

左图：像圣殿骑士团这样的中世纪骑士团，通过这种充满权力象征气息的庞大城堡建筑群展现着他们的军事化风格。这座令人印象深刻的城堡是圣约翰医院骑士团在1309年征服罗得岛后建造的。

第二章

伊丽莎白·巴托里:血腥伯爵夫人

伊丽莎白·巴托里（1560—1614）是16世纪匈牙利最富有和最有影响力的家族之一的成员。这个强大的新教家族的成员曾是波兰和特兰西瓦尼亚（Transylvania）的统治者——包括军阀、政治领袖、神职人员、法官和大规模的土地所有者。其中一个叫斯特凡·巴托里（Stephan Bathory）的人，在弗拉德三世德古拉——吸血鬼德古拉伯爵的原型——对奥斯曼土耳其人的战争中与他并肩作战。伊丽莎白出生于1560年，她是另一位斯特凡·巴托里的外甥女[1]，这位斯特凡·巴托里是波兰国王。

左图：斯特凡·巴托里的画像，他是1576年至1586年的波兰国王，也是伊丽莎白·巴托里（上图）的舅舅。

---

[1] 伊丽莎白·巴托里的父母姓氏均为巴托里，其母为波兰国王斯特凡九世的姐妹。——译者注

伊丽莎白在很小的时候就拥有强大的身份地位和非凡的美貌。对于一个雄心勃勃的男人来说，伊丽莎白是一个很好的"猎物"。在1570年左右，她进入"婚姻市场"之后，有几个追求者对她表现出了兴趣。最后成功的追求者是25岁的费伦茨·纳达斯迪伯爵（Count Ferenc Nadasdy），他想通过婚姻提高自己的知名度，因此他采取了一些不寻常的方法，比如他将巴托里作为自己的第一姓氏，而没有让伊丽莎白采用他的姓氏作为第一姓氏。

同样，纳达斯迪伯爵也拥有自己的威望。他很富有，是著名的战争英雄和运动健儿，尽管连他的母亲都承认他"不是一个聪明勤奋的人"。相比之下，伊丽莎白受过良好的教育，能够阅读和书写匈牙利语、希腊语、德语和拉丁语。在一个政治婚姻的时代，这种差距并没有什么影响，当时王室或贵族的男性因其在战场上的功绩可以赢得很好的声誉，而学习专业知识则被认为是一种相对低级的行为，只适合神职人员和女性。

伊丽莎白和纳达斯迪在1575年5月8日结婚，当时她14岁。然而，伊丽莎白和纳达斯迪的共同点对他们的婚姻来说则更为重要：他们两个人都是虐待狂。

左图：这张照片里费伦茨·纳达斯迪伯爵可能看起来像个无辜的年轻人，但他与妻子伊丽莎白·巴托里一起犯下骇人听闻的罪行，使他声名狼藉。

惨烈的场面

在伊丽莎白·巴托里还是个孩子的时候，她曾目睹了一场公开处决。从很多方面来看，这都是那个年代的典型场景，其中包括处决一名因叛国罪被判处死刑的吉卜赛人。在16世纪以及之后的很长一段时间里，吉卜赛人都被认为是十足的坏人，几乎不被认为是人类。甚至在某些地方，吉卜赛人只要一出现就有可能像动物一样被当场射杀。这种观念可能解释了伊丽莎白目睹的行刑场景非同寻常的性质。首先，一匹活马的肚子被剖开。接着吉卜赛人被推入马的腹中，并被缝合在里面。那匹马在鲜血中痛苦地蠕动着，而那个倒霉的吉卜赛人则在它肚子里的血肉中挣扎着，鲜血淋漓地试图逃脱。直到马和吉卜赛人都静静地躺在地上，也就是都已经死了，这野蛮的场面才结束，围观的人开始散去。这种可怕的场景是否触发了伊丽莎白内心深处潜藏的暴虐因子还有待推测，但至少有很大可能对她未来的行为产生了一些影响，而她的那些行为冷酷无情到了极点。

遗传疾病的加重

纳达斯迪脾气暴躁，一旦有人激怒他，那个人就会遭受野蛮的殴打和鞭笞，这使得纳达斯迪获得了"匈牙利黑色英雄"的绰号。但是，纳达斯迪的残忍程度与他妻子的残忍行为相比就显得微不足道了，她后来在东欧贵族中爆出了最可怕的丑闻。更重要的是，纳达斯迪有自己的底线，并对伊丽莎白的一些过激行为感到厌恶，而伊丽莎白的残忍程度似乎是没有界限的。后来，她被称为"血腥伯爵夫人"。尽管这是一个可怕的绰号，但实际上这个称呼还是低估了伊丽莎白罪行的性质和程度。

伊丽莎白令人恐惧的行为根源之一是巴托里家族和他们家族所采用的欧洲贵族中比较流行的做法，即近亲繁殖，以保持贵族血统的"纯洁性"。伊丽莎白

纳达斯迪有自己的底线，并对伊丽莎白的一些过激行为感到厌恶，而伊丽莎白的残忍程度似乎是没有界限的。后来，她被称为"血腥伯爵夫人"。

上图：斯特凡·巴托里，即伊丽莎白的舅舅，被认为是波兰最伟大的国王之一。图中是他在16世纪利沃尼亚（Livonia）战争期间围攻普斯科夫（Pskov）的情景。

的父母，乔治（György）和安娜（Anna），都属于巴托里家族，这个家族生出了许多精神错乱的孩子，包括精神分裂症、施虐狂、双性恋和像伊丽莎白这样的纯粹的施虐癖。

伊丽莎白也表现出了她自己的令人不安的症状。四五岁时，她开始有癫痫发作。此后，她的癫痫很容易发作，而且会出现她自己无法控制的暴怒。她的情绪波动非常大，一会儿冷漠，一会儿又大发脾气，想杀人。伊丽莎白这种情绪的不稳定性，并没有在她的成长过程中得到改善。她从小就被宠坏了，因为像她这样身居高位的姑娘被认为是享有特权的，许许多多负责照看她的女家庭教师是不会管教她的。结果，伊丽莎白长大后虚荣心强，专横跋扈，一心想着自己的美貌。她也很容易受到她生活的那个时代和地方的冷漠与野蛮的影响。例如，公开处决被当作一种娱乐形式，这很难有助于抑制她残忍和冷酷的本能。

伊丽莎白婚后的生活状况更助长了这种冷酷无情的心性。她的丈夫是一名军阀，经常不在家，他们的家是恰赫季采城堡（Castle of Cachtice），位于匈牙利西北部喀尔巴阡山脉的高处。丈夫参加的对奥斯曼土耳其人的军事行动旷日持

上图：伊丽莎白·巴托里犯下罪行的恰赫季采城堡就在今天的斯洛伐克。恰赫季采城堡建于13世纪中期，是1575年伊丽莎白嫁给费伦茨·纳达斯迪时，纳达斯迪家族赠送给她的结婚礼物。

久，在黑暗和无聊的城堡里，伊丽莎白有足够的时间学习"黑魔法"和更精细的折磨人的技巧。她也有这个机会，因为她在恰赫季采城堡的同伴有她的姨妈克拉拉（Klara），她是一名施虐狂和鞭笞专家；还有托尔科（Thorko），他是一名随从，他向伊丽莎白介绍了神秘学的做派。她很快就开始了关于药剂、药粉和草药的药物实验，这些药物可能都是有毒的。

对鲜血和驻颜之术的痴迷……

有一种刑罚，即行刑者用沾满油污的纸条夹在受刑者的脚趾间，然后点火，而伊丽莎白本人则在旁边观赏受刑者痛苦地尝试踢走那些火苗。这绝对是一种堕落的酷刑，但这依然不是伊丽莎白追求的终极。随着年龄的增长，她开始痴迷于保持她的美丽容颜，尤其是她那奶油般光滑的皮肤。有一天，一名女仆在给伊丽莎白梳头时不小心扯了她的头发，结果挨了女主人狠狠的一记耳光，打得她鼻子都流血了。当女孩擦去溅到伊丽莎白手上的血点时，伊丽莎白认为她沾上血迹的皮肤似乎再生了。在那之后，据说伊丽莎白派人割断了这个年轻女孩的喉咙。

螺旋式上升的欲望

仆人们最轻微的错误或遗漏都可能成为伊丽莎白过度惩罚他们的借口。她曾经把一个她自认为说话太多的女孩的嘴给缝起来了。女孩们被打到流血，然后又被带刺的荨麻抽打。

不知从什么时候起，伊丽莎白发现了折磨她的仆人中最脆弱的一群人——就是那些青春期的姑娘——对她来说是一件乐事。她们在其所处的阶级中是最容易受人欺负的。由于担心后果，她们也最不可能对女主人的行为说三道四。伊丽莎白为了使她们对恰赫季采城堡中发生的事情守口如瓶，雇用了她最信任的五个仆人来确保她们缄口不言。

仆人们最轻微的错误或遗漏都可能成为伊丽莎白过度惩罚他们的借口。她曾经把一个她自认为说话太多的女孩的嘴给缝起来了。女孩们被打到流血，然后又被带刺的荨麻抽打。不过，这与那些涉嫌偷窃的仆人所受到的刑罚来说，简直是小巫见大巫：伊丽莎白会命令他们脱光衣服，然后把烧红的硬币放在他们的皮肤上折磨他们。

并不是因为这些人真的行为不端，伊丽莎白才会惩罚、折磨、残害他们，甚至不惜杀戮，她只是为了寻求刺激。

强大的贵族阶层

此时，恰赫季采城堡的屠杀和折磨已经持续了好几年。尽管伊丽莎白采取了预防消息走漏的措施，但因为某些契机，有关她的动向肯定会传出去。数以百计的女孩神秘地消失了，并且在城堡周围发现了残缺不全的尸体，城堡周围的农村里

伊丽莎白的丈夫，费伦
茨·纳达斯迪伯爵，和他
的妻子伊丽莎白有着同
样令人毛骨悚然的爱好，
但是他妻子的残忍程度
完全超过了他。

弥漫着恐怖气氛——这些都是有迹可循的。然而，在很长一段时间里，它们都被忽视了。

在16世纪的欧洲，贵族的权力是如此之大，以至于他们有可能把证人吓得哑口无言，从而逃避官方的侦查，并因此逃脱法律的制裁。当地农民因为害怕遭到报复而不敢说出来。失去年轻女儿的父母对强大的巴托里家族无能为力。教会也保持沉默，因为担心巴托里家族的报复。其他贵族知道了这些传言，或者从他们自己的小道消息中获得了更多可靠的信息，但他们仍然保持沉默，他们不会背叛自己圈层的人，不管其人多么残忍血腥。除此之外，农民，无论是男人还是女人，都是农奴，因此他们只是雇主的财产。而像伊丽莎白·巴托里这样的贵族则可以为所欲为，任意处置自己的财产。

不可避免的结局

伊丽莎白的"恐怖统治"一定会在某个时候结束，哪怕只是因为在1609年左右，经过30多年的时间，当地的女孩都被她"用"完了。到那时，伊丽莎白已经成功地消灭了巴托里庄园周围地区的整整一代的年轻女性，尽管她能够从贫穷的农民那里再"买入"几个女孩，表面上是"为了强大的巴托里家族的安全生活服务"，但她对此并不满足。放眼更远的地方，伊丽莎白决定采用一种新方法：在恰赫季采城堡，她为低层贵族建立了一所女孩"学校"，她说，她打算在那里"教她们适合贵族阶级的社交礼仪"。

没过多久，这些女孩也失踪了，据推测都已经死亡。伊斯特万·毛焦里（Istvan Magyari）是恰赫季采城堡附近一个村庄的神父，他一直怀疑城堡内正在上演一场噩梦，他鼓起勇气去找当地政府，告诉他们他自己所知道的情况。这一次，他们重视了。他们本来可能对农村女孩的大规模死亡保持沉默，但现在所涉及的女孩都出身贵族——这就不那么容易被忽视了。

巴托里家族深知伊丽莎白的所作所为，多年来一直努力阻止对她的活动进行的任何调查，并将任何流传的消息称为当地的坊间八卦或愚昧的邪说。这次，之前的那些策略不再奏效了。毛焦里的证据传到了匈牙利国王马蒂亚斯（Matthias）的耳朵里，他立即下令进行调查。国王的这一行动所反映的可能不仅仅是他对所谓暴行的震惊和恐慌。国王似乎有自己的计划，他看到了一个机会，可以通过揭露有权有

COMITISSA ELISABETHA BATHORI
COMITIS FRANCISCI DE NADASD FILII
COMITIS THOMAE DE NADASD PALATINI
CAE CONIVX ANNO M DL XX XIV.

该图是描绘伊丽莎白·巴托里伯爵夫人的一幅当代画作。这位人脉广泛的匈牙利贵族在少女时代是个可爱的女孩，但后来她试图在处女的鲜血中沐浴来延续自己的青春美貌。

势的巴托里家族内部的暗黑行为，来控制不断制造麻烦的贵族阶层。马蒂亚斯命令匈牙利的宫廷伯爵（Lord Palatine of Hungary）乔治·图尔索（György Thurzo）带人突袭恰赫季采城堡，查明究竟发生了什么。图尔索伯爵其实早已知情，因为他是巴托里家族的亲戚，他在家族试图掩盖可怕真相的过程中发挥了自己的作用。

但当图尔索伯爵于1610年12月29日到达城堡时，他很快发现，伊丽莎白的罪行比他想象的还要可怕。图尔索伯爵在牢房里发现了更多的女孩，不是死了就是垂死。在地下室，还有更多的女孩被吊在椽子上。图尔索伯爵下令将地下室的地板挖开：在地板下面，发现了50具尸体。对城堡进一步搜查后，他发现了伊丽莎白放在写字台里的一个登记簿，上面有大约650个被谋杀女孩的名字。

死后臭名昭著

伊丽莎白·巴托里生前臭名昭著，死后也很快引起了争议。她的家人希望把她葬在恰赫季采，但当地居民强烈反对将她埋在离自己家很近的地方，而且还埋在神圣的地方。也有一些人出于迷信，希望伊丽莎白被埋在远离恰赫季采的地方。

就像在她之前一个多世纪的弗拉德·德古拉一样，在流行的传言中，她被等同于女巫、术士和巫师，他们的黑魔法危及诚实的基督徒的灵魂。伊丽莎白没有被埋在城堡里，而是被埋在她位于匈牙利南部的出生地艾克西德（Ecsed）。

强大的巴托里家族对农民的意见如此关注是很不寻常的，但很可能他们意识到，在恰赫季采，伊丽莎白的坟墓可能会受到亵渎或撒旦教仪式的影响，因为人们相信恶魔会在那里向撒旦献祭。这可能会对巴托里家族造成的危害，甚至比伊丽莎白从未承认的罪行，比她从未表现出任何悔意对家族的伤害更严重。

逮捕和审判

图尔索伯爵逮捕了伊丽莎白和她的四个帮凶：多罗蒂亚·森特什 [Dorottya Szentes，人称乔尔科（Dorko）]、尤娜·乔（Ilona Jo）、卡特琳娜·贝尼卡（Katarina Benicka）和侏儒亚诺什·乌伊瓦里 [Janos Ujvary，人称伊比斯（Ibis）或菲茨科（Ficzko）]。有一个仆人，名为埃尔西·马约罗瓦（Erszi Majorova），是伊丽莎白手下的新成员，当其他人在城堡被逮捕的时候，他逃跑了，但事后还是被抓住并遭到拘捕。当伊丽莎白的帮凶被带走接受刑讯逼供时，她仍被软禁在城堡里。由于法律不允许逮捕贵族并对他们进行审判，伊丽莎白从未出庭做证。相反，她的帮凶首当其冲地遭到指控，并受到了惩罚。

伊丽莎白似乎一再要求将她的案子提交给法官，尽管这样做会冒着公开丑闻的风险，而且如果被判有罪并被处决，她的大量财产也会被王室没收。这可能就是为什么急于遏制巴托里家族权力的马蒂亚斯国王也希望审判她，但是巴托里家族仍然有足够大的影响力，使王室的要求无法得到满足。他们设法把她留在亲戚图尔索伯爵扣下她的地方，把她关在城堡里，让国王的权力也无法触及。

就审判而言，无论如何，伊丽莎白的出庭都是多余的。从200名证人的证词和图尔索伯爵的可怕发现中得出的对她不利的证据，足以证明她是有罪的。

1611年1月7日，王室最高法院法官狄奥多西·赛尔米斯·德·苏洛（Theodosius Syrmiensis de Szulo）领导了20名法官对此案进行审理，对伊丽莎白的帮凶进行了第一次审判。通过刑讯逼供获得的被告供词已被列为证据，同谋犯也被正式认定有罪。在第二次审判中，伊丽莎白的一名仆人苏珊娜（Susanna）向法庭讲述了一份记录，其中列出了650名受害者，伊丽莎白用自己的笔迹记录了受害者受到的虐待和他们的死亡。

令人作呕的证词

不可避免的是，法庭上的一些证词令人作呕，即使以17世纪早期的标准来看也是如此，当时肆意的酷刑和野蛮的惩罚被认为是对待罪犯的合理方式。一个名叫波拉（Pola）的12岁小女孩被绑架并囚禁在恰赫季采城堡，但她成功逃脱了。乔尔科和尤娜·乔追上了她，把她带回了城堡，她在那里遇到了愤怒的伊丽莎白。伊丽莎白把波拉关进了一个巨大球状的笼子。球被一个滑轮升高，突然，几十根尖锐的尖刺从侧面射出，进入笼子里。侏儒菲茨科从下面操纵着绳索，直到被困在狭窄笼子里的波拉被尖刺刺住。最终，这个女孩被划割致死。

在审判中，乔尔科和尤娜·乔被称为女巫，这一"事实"反映在对她们的惩罚上。她们的手指因为"浸过基督徒的鲜血"，被用烧红的钳子从手上扯下来。然后这两人被活活烧死。侏儒菲茨科被判定比其他同伙的罪行轻，他在被烧成灰烬之前被斩首。1611年1月24日，埃尔西·马约罗瓦也被处决。唯一逃脱死刑的共犯是卡特琳娜·贝尼卡，其他被告和仆人苏珊娜为她开脱了罪名。贝尼卡被判处终身监禁。

被囚禁

伊丽莎白·巴托里也受到了同样的惩罚，但不是来自任何法庭的判罚，而是来自她的家人。他们竭尽全力挽救了她的生命，维护了家族的荣誉，但他们仍然把她看作是一种威胁，是对巴托里家族名誉的可怕玷污。他们决定让她失去自由，于是把她关在恰赫季采城堡的寝宫里。虽然她几乎不可能从那里逃走，但为了确保万无一失，还是在寝宫里安排了警卫。只留下了一个小缝隙用来给她通风和递送食物。伊丽莎白在那里活了三年多，直到1614年8月21日，警卫发现她脸朝下死在狭窄的牢房里。她当时54岁。

弗拉德三世德古拉，真正的德古拉伯爵

弗拉德三世德古拉，其名称中的"德古拉"的意思是"恶魔"或"龙"，他因为极端残忍的行径而家喻户晓，远远超过了任何其他的欧洲统治者。关于弗拉德的传说、迷信和恐怖故事层出不穷，其中一个故事讲述了他如何邀请一群乞丐、老人和病人到他的城堡，并且用盛大的宴会款待他们，然后用木板把城堡封起来并放火烧了它。他所有的"客人"都死了。这似乎是弗拉德让他们摆脱烦恼的方式。

弗拉德的影响不仅仅是成为逸闻轶事。它创造了一个恐怖故事的体裁，最耸人听闻的是，传说中他有喝受害者的血和吃受害者的肉的习惯。这使他成为吸血鬼故事的原型，中世纪，吸血鬼的故事在欧洲东南部大量涌现。

上图：据说，早在爱尔兰作家布莱姆·斯托克把弗拉德三世德古拉作为小说《德古拉》（1897年）的原型之前，弗拉德三世德古拉就被认为是中世纪东欧流行的吸血鬼传说中的人物。

残酷的迷信

15世纪的欧洲东南部是许多耸人听闻的传说和可怕的迷信的发源地，这一点儿也不奇怪。那里充斥着暴力，杀人的行为很常见，暴力犯罪更是家常便饭，诸如砍断四肢、挖瞎眼睛、致残和肢解等惩罚也是司空见惯。弗拉德最喜欢的惩罚，似乎是把他的敌人刺死在木桩上。据传言，有时一次就有超过两万名男人、女人和儿童被刺死。因此，弗拉德有了"采佩什"（Tepes）的绰号，该绰号在罗马尼亚语中的意思是"穿刺"。

然而，弗拉德是非常典型的地方统治者，这些统治者需要处理动荡地区的暴行问题，为了保持权力并确保自己的尊严得到维护，他们往往会采取过激行为。弗拉德绝对是这种类型的人。有一次，他要求一群奥斯曼土耳其外交官在他面前脱下帽子，以示尊重。这群外交官拒绝了，并告诉他，不戴帽子不是他们的习惯。弗拉德"确保了"他们永远遵守着本地的习俗：他下令把他们的帽子钉在他们的头上。

弗拉德三世对奥斯曼土耳其人毫无好感。在他年轻的时候，他和弟弟拉杜（Radu）作为人质生活在奥斯曼土耳其苏丹穆拉德二世的宫廷里。兄弟俩在那里是为了确保他们的父亲弗拉德二世对奥斯曼的忠诚。弗拉德二世同意成为苏丹的附庸，从而抵御了奥斯曼土耳其入侵的威胁。

复仇的方法

年轻的弗拉德在奥斯曼土耳其人手中遭受了巨大的折磨。奥斯曼土耳其人把弗拉德囚禁在一个地下监牢里，经常因为他粗俗无礼和顽固不化而鞭打他。1447年，当弗拉德16岁时，他的父亲在匈牙利摄政王匈雅提·亚诺什（Hunyadi János）的命令下被瓦拉几亚的波雅尔们（boyars，贵族）暗杀，匈雅提·亚诺什对弗拉德二世向奥斯曼土耳其人的投降表示不满。弗拉德三世被释放后，立即开始为他的父亲和他的哥哥米尔恰（Mircea）报仇，米尔恰被波雅尔用热刺刺瞎眼睛然后活埋了。弗拉德组建了一支奥斯曼土耳其军队，回国后痛击匈雅提·亚诺什的军队，并夺取了瓦拉几亚的政权。他的胜利是短暂的，因为匈雅提进行了反击并推翻了弗拉德。在接下来的几年里，这两个对手为争夺控制权而大打出手，但最后，在1456年，弗拉德取得了胜利。人们并不清楚是他在战斗中杀死了匈雅提，还是匈雅提自己死于瘟疫。但无论如何，弗拉德的对手已经消失了，瓦拉几亚的王位是他的。

随后，弗拉德开始对杀害他父亲和哥哥的波雅尔进行报复。弗拉德邀请波雅尔们到他的城堡参加复活节盛宴，但当宴会结束后，他把他们抓起来扔进了监狱。他们中的老弱病残被钉在木桩上，任其自生自灭。其他人被带到大约80公里外的一个废墟要塞。在那里，他们被迫建造一座新的堡垒，该堡垒后来被称为德古拉城堡。当城堡完工后，这些波雅尔们又被刺死。

匈牙利国王匈雅提·马加什一世（Hunyadi Mátyás）对弗拉德的野蛮行为非常反感，在1462年左右，他将弗拉德逮捕并软禁起来。但对弗拉德长达12年的监禁未能治愈他的虐待狂习性。在他被囚禁期间，他的宫殿里到处都是被刺穿的老鼠、鸟和其他小动物的尸体。一些人被斩首，另一些人被涂上沥青并粘上羽毛。

入侵的军队

弗拉德的残忍名声也没有随着他的离开而消退。尽管有些人钦佩弗拉德捍卫自己的王国，抵御奥斯曼土耳其人的掠夺，但他也让人深感恐惧。不仅在瓦拉几亚和周围的王国如此，在奥斯曼土耳其人中也是如此。在他被囚禁期间，奥斯曼土耳其人占领了瓦拉几亚，并推选了他们自己的候选人巴萨拉布·塞尔·巴特林（Basarab cel Batrin）作为其统治者。1475年，弗拉德从软禁中获释后，召集了一支约四千人的小规模军队，入侵瓦拉几亚，打算第三次夺回他的王位。虽然弗拉德的军队人数相对较少，但他的举动似乎激起了奥斯曼土耳其人的恐慌，结果他们纷纷逃离。

不久之后，奥斯曼土耳其人进行了他们的报复。1476年，弗拉德在布加勒斯特（Bucharest）附近的瓦斯卢伊（Vaslui）与他们交战时被杀。之后，奥斯曼土耳其人将他斩首，并将他的头颅带回了他们的首都伊斯坦布尔。他的头颅在那里被保存在蜂蜜中，并由苏丹穆罕默德二世展出，以表明弗拉德·采佩什这位穿刺大公已经真正地死去了。

左图：布莱姆·斯托克的小说《德古拉》于1897年出版，其中的部分灵感来自弗拉德三世德古拉的故事，它与伊丽莎白·巴托里的故事也有相似之处——德古拉和巴托里都对人的血液情有独钟。

法兰西王国的
两个王室浪荡子：
路易十四和路易十五

法国的路易十四，也就是所谓的"太阳王"，以及他的
曾孙和继承人路易十五，是欧洲历史上最著名的王室浪
荡子。在这两个人中，路易十五更加放荡不羁，对自己
的权力和地位也不那么在意。他最有名的情妇，蓬帕
杜女侯爵（Marquise de Pompadour）和杜巴利伯爵夫人
（Comtesse du Barry），在国王的情妇们中成了有影响力
的人物。

左图："太阳王"路易十四，是法国有史以来最专制的君主和最强大的国王。
上图：路易十五。

这是路易十四绝对不会允许的事情。作为欧洲最伟大的专制君主，他从不怀疑权力和影响力理所当然地掌握在他自己的手中。他也从未怀疑过"君权神授"，这一点在他很小的时候就深深地印在了他的心里。"国王是由上帝任命的，"他在孩提时代写道，"他们可以随心所欲，想怎么做就怎么做。"

后来的一句话——"朕即国家！"——成了他的非官方座右铭，而他在凡尔赛的宏伟宫殿也体现了他的伟大，这个宫殿被公认为是同类建筑中最辉煌的一座。路易为凡尔赛宫批准的许多艺术、建筑和设计特色，都受到了他的初恋情人——柏拉图式的爱情——玛丽亚·曼奇尼（Marie Mancini）对他的影响。玛丽亚·曼奇尼16岁就来到了路易的宫廷，她是红衣主教朱尔斯·马萨林（Jules Mazarin）的外甥女，而朱尔斯是国王未成年时的首席大臣。玛丽亚是一个聪明的、受过良好教育的、有教养的女孩，她向路易介绍了伟大的文学、绘画、雕塑、哲学和其他知识性学科。

意料之中的政治联盟

到1657年，19岁的路易和18岁的玛丽亚相爱了，并且他们想结婚。但遗憾的是，玛丽亚并不是王后人选。法国国王的婚姻是有政治目的的，可以为他的国家带来外交、贸易、军事或宗教方面的利益。尽管玛丽亚·曼奇尼与马萨林有血缘关系，但她没有政治联姻所需要的优势，这就注定了她没有机会与年轻国王结婚。玛丽亚被送走了，路易伤心欲绝。1660年6月9日，路易与西班牙的

> 法国国王的婚姻是有政治目的的，可以为他的国家带来外交、贸易、军事或宗教方面的利益。

右图：西班牙的玛丽亚·特蕾莎公主，国王路易十四的第一任妻子。从1660年结婚到1683年去世，她一直是一个完美的配偶——对政治不感兴趣，虔诚，为国王生下继承人，同时对路易的风流事视而不见。

玛丽亚·特蕾莎公主（Maria Theresa）结婚。与玛丽亚·曼奇尼不同，她是一个拥有"正确"血统的配偶。

　　这些优势似乎比她令人震惊的外表和性格更重要。玛丽亚·特蕾莎看起来像个侏儒，她下巴过长，具有"哈布斯堡唇"①。她头脑简单，除了蛋糕、糖果、她的宠物、她的小矮人艺人、打牌和祈祷之外没别的兴趣了。但至少她很快就为路易生出了所有国王都想要的男性继承人：他们六个孩子中的第一个，路易王储，于1661年11月1日出生。

　　在他们结婚的第一年里，路易对玛丽亚·特蕾莎一直很忠诚，但这种忠诚并没有持续很久。王室婚姻的主要目的，有时也是唯一的目的，是为了提供继承人。除此之外，国王们会为了取悦自己选择情妇。法国的习俗使这种安排正式化。首席情妇，也就是国王的官方情妇，在宫廷中拥有公认的地位。因此，只要她继续受宠，她就能获得相当大的权力和财富。路易的第一位官方情妇是朴实纯真且充满爱意的路易丝·德·拉瓦利耶尔（Louise de la Vallière）。路易丝是法国贵族圣雷米侯爵雅克·德·库塔韦尔（Jacques de Courtarvel）的继女，这种关系使得她能够进入王室的圈子。

上图：1661年，路易丝·德·拉瓦利耶尔成了路易十四的第一个情妇，并为他生了四个孩子。在1667年，她被蒙特斯潘侯爵夫人（Marquise de Montespan）取代。此后，路易丝退居到了一个女修道院。

---

① 指哈布斯堡家族的成员特有的下颌突出、下唇肥厚的特征，这是由一种遗传疾病引起的。——译者注

1660年，16岁的路易丝来到了路易十四的宫廷，并很快被任命为英国公主亨丽埃塔（Henrietta）的首席女傧相，她最近嫁给了国王的弟弟、奥尔良公爵菲利普。亨丽埃塔是英国国王查理二世的妹妹，和她那放荡不羁的哥哥一样喜欢谈情说爱。1661年亨丽埃塔来到路易的宫廷，而她对这位年轻的法国君主下手只是时间问题。谣言很快就传开了，一场风流韵事以及随之而来的全面丑闻，即将发生。

一个合适的情妇

在这个时候，路易的母亲奥地利的安娜（Anne of Austria）插手进来，把路易丝推进了国王的视线之中。路易丝的任务是要证明年轻的国王是被她而不是国王的弟媳迷住的，以此来转移人们的怀疑。但有一个意想不到的因素：天真的路易丝已经爱上了国王，国王也很快就忘记了亨丽埃塔，转而爱上了她的首席女傧相。趾高气扬的亨丽埃塔勃然大怒，立刻勾搭上了她丈夫的亲信吉什伯爵（Comte de Guiche）。

路易丝对国王的吸引力是骄傲的、占有欲极强的亨丽埃塔永远无法企及的。从外表上看，路易丝是个相貌平平、非常朴素的人。她沉默寡言，不善言辞，而男人只要轻轻一瞥美丽的亨丽埃塔，就会为之倾倒。路易丝的一条腿比另一条腿短，她不得不穿上特制的高跟鞋，以防止她走路时一瘸一拐。但她在最重要的地方得到了国王的青睐——她并不是一个狡猾的、自私自利的、卖弄风情的女人，路易丝只想爱路易，而路易则沉浸在

右图：亨丽埃塔·安妮公主，英国国王查理一世的女儿，是路易十四的弟弟奥尔良公爵菲利普的妻子。

她的爱慕之中。

路易十四和路易丝·德·拉瓦利耶尔有四个孩子，第一个孩子出生于 1663 年，最后一个孩子出生于 1667 年。他们的关系持续了六年，但在 1661 年，由于在亨丽埃塔公主问题上的激烈争吵，他们的关系几乎破裂了。尽管路易丝和亨丽埃塔彼此怀有敌意，路易丝仍然忠于亨丽埃塔，并拒绝将亨丽埃塔与吉什伯爵的关系告知国王。路易勃然大怒，路易丝非常害怕，她被吓得逃到了一个女修道院。最后，在吉什伯爵受到威胁而丑闻曝光后，路易才知道了亨丽埃塔与吉什伯爵的恋情。为了救出自己的情人，亨丽埃塔去找国王，把一切都告诉了他。吉什伯爵后来被流放。

路易丝是个相貌平平、非常朴素的人。她沉默寡言，不善言辞……但她在最重要的地方得到了国王的青睐——她并不是一个狡猾的、自私自利的、卖弄风情的女人，路易丝只想爱路易，而路易则沉浸在她的爱慕之中。

国王的新宠

路易丝仍然是王室情妇，但到了 1666 年，她已经不再受宠。前一年，路易国王封她为拉瓦利耶尔女公爵，并把位于沃茹尔（Vaujours）的地产送给了她。这是一份送别礼物。这不仅仅是因为路易像其他国王们那样厌倦了一个陪伴多年的情妇。路易丝和路易的关系在幕后受到了恶毒的蒙特斯潘侯爵夫人弗朗索瓦-阿泰纳伊斯（Françoise-Athénais）的破坏，蒙特斯潘侯爵夫人决心要取代路易丝的首席情妇地位。成为首席情妇能够比成为蒙特斯潘侯爵夫人获得更高的威望、更多的金钱和提升机会，蒙特斯潘侯爵只是一个有微薄财富的小贵族。

侯爵夫人精心策划了她的活动。没有什么戏剧性，也没有什么明显的迹象，只是一系列看似无辜的举动让她离国王足够近，让国王注意到她。首先，侯爵夫人与路易的弟弟菲利普交上了朋友。接下来，她转向了王后，并戴上了虔诚和美德的面具，虔诚的玛丽亚·特蕾莎一定会欣赏她的。从那以后，侯爵夫人与路易丝亲近起来，并通过路易丝与国王亲近起来。没过多久，路易就注意到了这个诙谐、美得惊人的闯入者。路易被蒙特斯潘夫人深深吸引住了，以至于在 1667 年路易丝生下他的儿子韦尔芒杜瓦伯爵（Comte de Vermondois）时，他一直和蒙特斯潘夫人逍遥到清晨。

侯爵夫人与缺乏自信而又忠诚的路易丝截然不同。她是一个令人敬畏的人物——傲慢、性感、残忍，也会毫不留情地报复任何激怒她的人。

上图：1668年，蒙特斯潘侯爵夫人弗朗索瓦丝 - 阿泰纳伊斯发动了一场据说包括黑魔法和巫术在内的活动来诱惑路易十四，以使自己成为国王的情妇，从而实现她的目标。

韦尔芒杜瓦伯爵是路易丝与国王生的最后一个孩子，尽管路易丝一直留在宫廷里，直到1674年，蒙特斯潘侯爵和蒙特斯潘侯爵夫人正式分居的消息被宣布。路易丝作为表面上的官方情妇出现是为了掩饰国王与他新情妇的关系。嫉妒心强的蒙特斯潘侯爵一直试图用法律手段把妻子追回来，通过这种方式，就没有任何真实的婚外情证据被他抓住。为了维持这个假象，路易丝不得不像仆人一样伺候侯爵夫人，帮助她梳妆打扮。1674年，她获准进入圣玛丽·德·夏洛特修道院，成为一名修女。1710年，路易丝在巴黎去世。听到这个消息后，路易国王评论说，从她离开的那天起，她对他来说就已经"死了"。

当路易丝·德·拉瓦利耶尔从多年的宫廷屈辱中解脱出来时，蒙特斯潘侯爵夫人已经为国王生下了他们七个孩子中的前五个。侯爵夫人与缺乏自信而又忠诚的路易丝截然不同。她是一个令人敬畏的人物——傲慢、性感、残忍，也会毫不留情地报复任何激怒她的人。对路易来说，她是一个真正的挑战，每当她心血来潮时就会反抗他，在激烈的争吵中予取予求，但也用她的美丽和魅力迷住了他。

关于黑魔法的传言

蒙特斯潘侯爵夫人对路易十四的非凡吸引力引起了一些谣言，有人说她甚至在成为路易十四的首席情妇之前，就已经对他使用了黑魔法、巫术和妖术。虽然没有确切的证据，但是据说她在迷惑国王的过程中，从女巫凯瑟琳·蒙瓦辛（Catherine Monvoisin）那里购买了含有令人作呕的成分的爱情粉末，如蟾

右图：国王路易十四从未失去过对性的渴望。这让他的第二任妻子弗朗索瓦丝·德·奥比涅（Françoise d'Aubigné）的生活变得很艰难，她在日记中写下了"痛苦的时刻"。

蜍的唾液。据说她还参与了黑弥撒，这些弥撒都是在她赤裸的身体上举行的。后来，尽管没有找到对她不利的证据，在1675年，当一些贵族成员与其他人一起因巫术和投毒而受到审判时，侯爵夫人又被牵连进来。

国王似乎完全没有意识到关于他受到的迷惑有着黑暗来源的传言。他相信侯爵夫人是他理想的伴侣，所以他给她买了奢华的珠宝、华丽的衣服和各种各样的奢侈品。国王的财富不仅使侯爵夫人过上了富足的生活，并使她能向最喜欢的慈善机构大量捐款，还使她的家庭成员获得了很高的地位，例如，她的父亲成了巴黎的总督。

但是关于妖术、毒药和巫术的谈论并没有消失。当路易开始出现一阵阵的眩晕、晕厥和无法控制的颤抖时，很快就有传言称国王的热情正在冷却，为了重新点燃它，侯爵夫人再次给他服用有害的催情粉末。但侯爵夫人似乎还选择了另一种方式，她决定应该表现出一种虔诚的姿态。然而，当她去凡尔赛宫忏悔她的许多罪行时，神父阿贝·莱库耶（Abbé Lécuyer）拒绝聆听她的忏悔，也拒绝给予她宽恕。她怒不可遏地向国王诉苦，国王却说神父有责任拒绝赦免这样一个罪孽深重的罪人。侯爵夫人也因此离开了宫廷，并绝食以证明她的忏悔之意。路易在1675年也曾被神父拒绝解罪，他也做了类似的表演来证明自己的忏悔之心。

三段恋情

最后，在1676年7月，这对恋人再次见面。在他们和解后不久，侯爵夫人就恢复了她的首席情妇的地位，并获得了与此相关的所有特权，如先于公爵夫人的优先权。即便如此，她也意识到事情并不是那么顺利。路易或多或少地同时与其他三位宫廷女性有染：据说其中一位已经为他生下了一个孩子。

侯爵夫人的反应可想而知，她非常愤怒，还说路易的另一个"额外"情妇德·卢德勒夫人（Madame de Ludre）患有一种可怕的皮肤病。她不需要这么多此一举，当路易得知德·卢德勒夫人任命她自己的丈夫作为她和她的王室情人之间的信使后，德·卢德勒夫人已经注定将被驱逐了。

命运和态度的改变

尽管如此，侯爵夫人战胜所有后来者的时间已经不多了。到1678年，当她与路易所生的最后一个孩子出生时，她已经快40岁了，而且变得越来越胖，越来越邋遢。她还面临着越来越年轻的竞争对手，比如安热莉克·德·方当诗（Angélique de Fontanges），一个外表美丽但头脑空空的未婚侍女，在她野心勃勃的父母的指使下成了国王的情妇。侯爵夫人当然发现了这一点，但是这一次她的怒火没能打动路易。她的辉煌时日已尽，但她继续在凡尔赛的寓所里生活了几年。国王时常去看她，但在1691年，侯爵夫人带着50万法郎的巨额养老金退居修道院。她于1707年去世。此时路易已经厌倦了安热莉克，她也被抛弃了。

这一次，受国王宠爱的继任者不是什么野心勃勃的寻财猎手，而是一个在宫廷和国王周围已经生活了一段时间的女人。弗朗索瓦丝·斯卡龙（Françoise Scarron）是作家保罗·斯卡龙（Paul Scarron）的遗孀，她第一次来到宫廷是在1669年，是为了照顾和教育蒙特斯潘侯爵夫人与国王的第一个孩子，这个孩子是在那一年出生的。后来，她还负责照顾之后出生的其他六个孩子。弗朗索瓦丝是一个模范的护士和家庭教师，孩子们很快就喜欢上了她。路易认识到弗朗索瓦丝对他的"第二家庭"的重要性，赐予她女侯爵头衔，并在1674年赐予她钱，买下了德·曼特农（de Maintenon）的庄园。她的曼特农夫人之名便由此而来。

虽然现在弗朗索瓦丝被路易如此慷慨给予，但此前她花了好长一段时间才被路易欣赏。起初，路易把弗朗索瓦丝

右图：这可能是方当诗女公爵玛丽·安热莉克·德·斯科拉耶·德·鲁西尔的画像，她在1678年成了路易十四的情妇。

看成是一个呆板、难相处的假正经的人，她身上充满了高尚的道德情操。他知道她不赞成他放荡的生活方式，她曾经说过："为了维护一个人的荣誉，首先必须放弃的就是享乐。"

然而，尽管如此，国王却不由自主地注意到她是多么善良，多么温柔和体贴，多么清秀和美丽，尽管她已经37岁了。"她懂得如何去爱，"他说，"得到她的爱是一件令人愉快的事。"

路易已经很了解弗朗索瓦丝，知道她绝不会同意做他的情妇。因为道德和谦逊是不允许这样的，在她眼里，性属于婚床，而且只属于婚床。此时的国王已经深爱着弗朗索瓦丝，但他不能接受除了不正当的关系之外的另一种选择——柏拉图式的关系。解决这个问题的机会出现在1683年，当时玛丽亚·特蕾莎王后去世了，可能死于癌症，年仅44岁。

路易把弗朗索瓦丝叫到面前，以他独断的方式告诉她，他打算以贵贱通婚的方式娶她。这意味着，作为他的妻子和一个平民，她不能享受通常属于王室配偶的荣誉和特权。弗朗索瓦丝对荣誉和特权不感兴趣，她在1683年10月秘密地嫁给了国王。这段婚姻一直持续到1715年路易去世，在这32年里，思想高尚的弗朗索瓦丝成功地将国王从

右图：德·曼特农夫人在淫乱的法国宫廷里是个不寻常的女人。在她与路易十四结婚的32年里，她在凡尔赛宫营造了一种更加高贵庄重的氛围。

一个放荡的浪子变成了一个品行端正而忠诚的丈夫。

1715年，当路易十四身患坏疽濒临死亡，而他五岁的曾孙即将继位成为路易十五国王时，他对他的朝臣们说："你们即将看到一个国王进入坟墓，另一个国王躺在摇篮里。永远记住一个人的记忆和另一个人的利益。"

一个新的君主

路易十四国王，这位伟大的太阳王，一直是一个难以效仿的角色，对他的曾孙来说，连尝试一下都是不可能的。自1711年以来，在所有其他男性继承人去世后，路易十五一直是法国王位的直接继承人的"最后机会"。因此，他一直被娇生惯养，以至于他长大后变得非常胆小和优柔寡断。虽然他尽职尽责地扮演着专横独裁者的公共角色，但他自己的生活方式却是一种乡村绅士般的安静生活。路易对国家事务很少或根本不感兴趣，在遇到财政问题时也是一筹莫展。实际上，他在促进他的国家和人民的福祉方面没有任何作为。正如路易的外交大臣、达尔让松侯爵勒内 - 路易·德·沃耶·德·保尔米（René-Louis de Voyer de Paulmy），所说的那样，国王在被要求参加执政委员会会议时，"张大嘴巴，很少说话，根本不思考"。

路易十五非常享受狩猎的刺激，但他生活中最重要的兴趣是和女人在一起。据说，他是想通过这种方式来填补他的母亲萨沃伊的玛丽·阿德莱德（Marie-Adelaide of Savoy）在1712年去世后留下的空白，当时路易还不到两岁。1725年左右，国王迎娶了波兰公主玛丽 - 凯瑟琳·莱什琴斯卡（Maria-Catherine Leszczynska）后不久，就开始了他对其他女人的追求。1727年，王后生下了一对双胞胎女儿，这是她与路易所生的10个孩子中的第一胎，但国王已经开始为自己寻找情妇了。

那时候路易还很年轻，因为路易结婚时只有15岁。他与各种各样的女仆纠缠了一阵子。在那之后，他又陆续找了德·迈利 - 内勒家的四个姐妹。四人中最有野心的是最小的那个——玛丽 - 安妮·德·迈利 - 内勒（Marie-Anne de Mailly-Nesle），她在1742年登上了王室舞台。玛丽·安妮希望路易能成为一个更积极、更投入的君主。她强迫他更努力地处理政府事务，更频繁地会见他的大臣们，

他与各种各样的女仆纠缠了一阵子。在那之后，他又陆续找了德·迈利 - 内勒家的四个姐妹。

上图：国王路易十五的画像。路易五岁时就成为国王，他是一场家庭悲剧的唯一幸存者。天花病的流行席卷了整个王室，他的父亲、母亲和哥哥都因此丧生了。

并关注越来越多的公共事务的细
节。这对懒散的路易来说是一种折
磨。"夫人，"他抗议道，"你
会害死我的！"1744年，年仅
27岁的玛丽·安妮死于肺
炎，国王从此摆脱了她的折
磨。她的继任者是美丽的、
受过良好教育的让娜-安
托瓦妮特·普瓦松（Jeanne
Antoinette Poisson），她最
初缺乏担任官方情妇的基本
资格，没有与贵族的关系。
然而，让娜-安托瓦妮特属
于地位较低的资产阶级。不
过，有一个关于让娜的预
言让她和她的家人对克服
这个困难抱有很大的希望。

上图：玛丽·安妮·德·迈利-内勒是四
个姐妹中最小的一个，她们都相继成了
路易十五国王的情妇。她试图让这位懒
惰、自我放纵的国王更加主动活跃，却
在1744年去世，年仅27岁。

左图：路易十五的王后，玛丽-凯瑟琳·莱什琴斯卡，
为他生了10个孩子，但他的4个女儿和2个儿子都先于
他去世了。

1730年，在她九岁的时候，一位算命
先生告诉她，她有朝一日会俘获一位国
王的心。在那之后，她的家人给她起
了个绰号"蕾妮特"（Reinette）——
小王后，并且很期待这一激动人心的
事件。

蓬帕杜夫人的崛起

　　这件激动人心的事件发生在1745年2月，当时法国王位继承人路易王子与西班牙公主玛丽亚·特雷莎结婚。为此举行了庆祝活动，巴黎和凡尔赛宫都举行了盛大的舞会，任何穿着得体的人都被邀请参加。让娜－安托瓦妮特特意参加了在凡尔赛宫举行的一场蒙面舞会，在那里她设法接近国王，并与他交谈，同时摘下面具。这个信号很快就被理解了。路易的一个朝臣用"宫廷用语"说："手帕已经掷出。"这意味着一段亲密关系要开始了。

上图：蓬帕杜夫人让娜－安托瓦妮特·普瓦松，是路易十五的所有情妇中最有才干的一个。她的"统治"持续了20年，虽然没有像一些历史学家所说的那样有权有势，但她接管了大部分的王室日常事务。

上图：凡尔赛宫附近的鹿苑是路易十五的避风港，在那里他可以平静地享受他充满活力的性生活。蓬帕杜夫人非常有效地为他管理着这个场所。

几天后，国王邀请让娜-安托瓦妮特在巴黎的维尔酒店（Hotel de Ville）与他共进私人晚餐。没过多久，他就深深地爱上了她，并在之后将她变成了一个贵族，授予她女侯爵的头衔，后来又给了蓬帕杜女公爵的称号。让娜-安托瓦妮特不失时机地行使着首席情妇的权力。她在政治上并不像一些历史学家认为的那样活跃，但她的影响力在提高她的朋友和亲戚的地位方面起着重要作用。例如，她说服国王支持她的朋友伏尔泰——这位杰出的作家和历史学家，当选为著名的法兰西学院的院士。

然而，她最引人注目的成就是在社交领域，她为国王营造了一种温馨的家庭氛围，让他沉浸在她家人友好、轻松的陪伴中。她还劝说路易对戏剧感兴趣，听听音乐或欣赏艺术和设计，而这些在思想琐碎、爱好背后嚼舌的王宫中都是没有地位的。这是路易十五有生以来第一次享受到了自己的乐趣，就算他那势利的宫廷里有人嫉妒地窃窃私语地说他的情妇把他迷住了，他也不会介意。

不过，这朵银色的云彩也有阴暗的一面。让娜-安托瓦妮特的健康状况并不好，她一直担心自己的身体会跟不上国王对性爱的要求。她开始服用大量的发物——香草、松露、芹菜，但这些东西只会让她生病。一系列的流产加重了她的病情。最终，让娜-安托瓦妮特不可避免地患上了心脏病，持续头痛，呼吸困难，并在1764年出现了肺部充血。她于1764年4月15日去世，终年42岁，并于两天后在巴黎下葬。

然而，她最引人注目的成就是在社交领域，她为国王营造了一种温馨的家庭氛围，让他沉浸在她家人友好、轻松的陪伴中。

随着让娜-安托瓦妮特健康状况的恶化，她和路易很可能就逐渐没有了性生活。虽然他从未停止过对她的爱，但在她去世前的最后几年里，他还有了别的情妇。他和他的女仆暗中勾搭，把她们安置在凡尔赛的一个小别墅——鹿苑（Parc aux Cerfs）的一家私人妓院里。路易有时会伪装成一个波兰贵族来参观鹿苑，但是其中一个女孩在他睡觉时翻他的口袋，发现了他的真实身份。于是这个女孩被拖到了精神病院，这一举动必定使这个女孩所说的关于国王的任何言论都是无效的。

鹿苑是路易放荡生活的中心，到1764年，这已经深深地影响了他在臣民中的声望。1744年，他从一场大病中恢复过来后，被人们称为"亲爱的人"（bien aimé）。20年后，他因为政府软弱、财务无能、法国在战争中遭受的灾难以及他无度的性生活而被人们"深恶痛绝"。不过，鹿苑里的姑娘们并不像骇人听闻的传说里那样重要。她们为路易十五提供了一个玩耍的场所，同时他在等待下一个首席情妇从众多的候选者中脱颖而出，这些候选者把凡尔赛宫都挤满了。

菲利普，奥尔良公爵

路易十四的"同性恋"兄弟

奥尔良公爵菲利普（1640—1701）是路易十四的弟弟，但他们的母亲安娜对待他们的态度却截然不同。她故意让菲利普显得低人一等，甚至显得荒谬可笑，以此来捍卫路易作为国王的权利。这样一来，他就无法挑战他哥哥的统治。在母亲的鼓励下，菲利普假装自己是同性恋者，而实际上，他结过两次婚，并生了几个孩子。他还穿女装、化妆、选择年轻英俊的朝臣作为自己的宠儿。

菲利普在宫廷里被称为"殿下"，路易非常喜欢菲利普，经常送菲利普许多礼物。尽管如此，路易还是继续他母亲的工作，让他的弟弟远离法国的权力和影响力中心。其中一个方法是购买了漂亮的圣克卢（St Cloud）别墅，它离凡尔赛宫——这个政府工作的地方很近，但又不至于太近。菲利普很喜欢那座别墅，也很喜欢它给他带来的美化花园的机会。然而，更重要的是圣克卢的作用——让菲利普远离王室权力的中心，路易有意让他的弟弟不参与法国事务。国王对他弟弟的态度是深情的，但也是非常傲慢的。

"现在我们要开始工作了，"据说他在与大臣们讨论王家事务之前这样告诉殿下，"去找点乐子吧，兄弟！"

上图：国王路易十四的弟弟奥尔良公爵菲利普，路易十四非常喜欢他，但认为菲利普没有足够的能力参与国家事务，并把菲利普排除在与大臣会议之外。

野心的实现

在渴望获得已故让娜 - 安托瓦妮特的位置的女性中，有一位是玛丽 - 让娜·贝屈（Marie Jeanne Bécu），她是女裁缝或者女厨师安妮·贝屈（Anne Bécu）的私生女。1758 年，15 岁的玛丽 - 让娜，一个非常漂亮的金发女郎，来到了巴黎，在那里她引起了一个花花公子让·杜巴利（Jean du Barry）的注意。杜巴利很快意识

上图：杜巴利夫人玛丽 - 让娜·贝屈，是国王路易十五的最后一个情妇。照片中国王站在她的床边。1769 年，当她出现在宫廷时，给人留下了深刻的印象，路易完全被她迷住，在几周内就和她上床了。

到她是做王室情妇的合适人选，并在1768年将她嫁给了他的兄弟纪尧姆·杜巴利伯爵，为她提供了必要的贵族头衔。1769年4月2日，新的杜巴利伯爵夫人在宫廷中亮相。她穿着奢华的礼服，脖子和耳朵上戴着钻石，给人留下了深刻的印象。

国王被迷住了，迷人的让娜很快就转移了他对1769年6月25日王后去世的悲痛。甚至在王后去世之前，路易就已经和他的新情妇上床了，第二天他就说："我对……让娜很满意。她是法国唯一一个能让我忘记自己已经60岁的女人。"

"他比以往任何时候都爱得更深，"认识路易多年的克罗伊公爵评论道，"他似乎恢复了活力。我从来没有见过他的精神状态这么好，非常有幽默感，也更外向了。"

让娜实现了这一转变，凭借的不仅是她的美丽，更重要的是她的魅力，以及她在给国王带来温暖和爱意的同时还能逗他开心的能力。在这一点上，她很像已故的蓬帕杜夫人，尽管她缺乏前任的智慧和才华。与蓬帕杜夫人一样，她在艺术圈里也是如鱼得水。她的聚会使作家、艺术家、诗人、剧作家和学者蜂拥而至，他们很享受她热情好客的招待，这甚至成为知识界的一部分。大臣、金融家和银行家们都来找她，就他们的各种项目征求意见。珠宝商们把杜巴利伯爵夫人视为他们的赞助人，因为她对珠宝的热爱是众所周知的。她是宫廷中唯一一位佩戴混合颜色珠宝的女士——红宝石和绿宝石，或粉红色配灰色珍珠。

一个民族的起义

路易国王挥霍无度，在公众对法国社会不平等现象的不满情绪迅速增长的时候，仍然把大笔财富挥霍在他的情妇身上。结果，杜巴利伯爵夫人与国王和贵族们一起成了民众的靶子。随着年龄的增长，路易变得越来越不受欢迎。他被死亡的恐惧和自己性罪孽的内疚所困扰着。在这种时候，路易远离了杜巴利夫人。他经常去一个修道院，他的小女儿路易丝在那里当了一名加尔默罗修会（Carmelite）的修女。路易相信她发誓拯救他不朽的灵魂，于是花了很多时间和他的女儿在一起，祈求原谅。

尽管国王总是回到杜巴利夫人身边，但他们两人的时间已经不多了。1774年，路易

1774年，路易感染了天花……把杜巴利夫人送进了圣母桥的修道院。如果她留在凡尔赛宫，她的"不道德"的形象就会妨碍路易国王获得赦免。

感染了天花，他意识到自己快不行了，就把杜巴利夫人送到了圣母桥（Pont-au-Dames）的修道院。如果她留在凡尔赛宫，她的"不道德"的形象会妨碍路易国王获得赦免。他于5月10日去世。

不久之前，路易国王显然说过："在我之后，是大洪水。"这是可怕的先见之明。路易去世后15年，法国大革命爆发了，最终推翻了君主制，贵族和神职人员也遭到重创。在1792—1793年所谓的"恐怖统治"期间，包括在位国王和王后——路易十六（Louis XVI）和玛丽·安托瓦内特（Marie Antoinette）在内的数千人死于断头台，杜巴利伯爵夫人也是其中之一。

她被指控犯有叛国罪和阴谋罪，被判定有罪并被判处死刑。1793年12月8日，杜巴利夫人乘坐囚车穿过巴黎的街道，来到革命广场，那里安放的断头台正等着她。她惊慌失措，歇斯底里，向观看的人群大喊救命。她与刽子手们搏斗，但无济于事。他们战胜了她，把她推上了断头台。刀刃落下，割下了她的头颅。随着法国大革命的爆发，路易十四的著名箴言——"朕即国家"——发生了逆转。国王不再是国家。相反，国家才是国王。

那个戴着铁面具的人

"铁面人"是欧洲王室最神秘的人物之一。他于1687年首次入狱，11年后他被带到巴黎，在巴士底狱受到严密的看守。没有人知道他是谁——他们也不打算知道。有谣言说他是一个失宠于路易十四的朝臣，但仅仅是失势的朝臣似乎不至于被如此对待。这个无名氏不得不一直戴着他的面具，两个火枪手就站在他的牢房里，如果他摘下面具就准备将其杀死。

他吃饭、睡觉都戴着面具，最后，在1703年，死时仍然戴着面具。大约50年后，法国著名作家伏尔泰推测，这个戴着铁面具的人很像一个非常有名的人——路易十四本人。在许多关于戴铁面具的人的谣言中，这个说法引起了人们的兴趣，认为他实际上是路易的孪生兄弟，比他早出生几分钟，国王为了维护自己的地位而把他关起来。

上图：这个戴着铁面具的神秘男子被囚禁了16年，引发了无数的阴谋论，大仲马1848年出版的一部著名的小说，以及无数的电影都有描述。但他的身份从未被揭露。

第四章

国王和交际花：巴伐利亚的路德维希一世和劳拉·蒙特斯

玛丽·多洛雷斯·伊丽莎·罗珊娜·吉尔伯特（Marie Dolores Eliza Rosanna Gilbert），别名劳拉·蒙特斯（Lola Montez，1818—1861），拥有成为蛇蝎美人的所有条件。她有一头黑发和蓝眼睛，嘴巴性感，身材性感。她的目光中也有某种令人着迷的东西。凭借这些强大的优势条件，劳拉迷倒了许多男人，包括巴伐利亚的国王路德维希一世（1786-1868）。

左图：路德维希国王并不是唯一一个被劳拉·蒙特斯征服的男人。
上图：巴伐利亚的路德维希一世的心和他的王位都因这位蛇蝎美人——劳拉·蒙特斯而失去。

　　1846年，劳拉闯进了国王的视线，那是他们在慕尼黑第一次见面，国王知道她的名声，问她那远近闻名的美貌是否真的是大自然的杰作。60岁的路德维希可能是个聋人，但他的视力却没有问题。他知道他看到的是什么，这时劳拉撕开了她的紧身胸衣，回答说至少在两个方面，大自然做得很好。

　　劳拉·蒙特斯于1818年出生于爱尔兰，这是她为自己短暂的舞台生涯设计的一个充满异国风情的名字。不久之后，她的父亲——一位英国军官，被调往印度，他的家人也跟着去了。他在印度似乎没有活多久，在劳拉还很小的时候就去世了，那里的气候、流行病和超负荷的外派任务使大量欧洲人死亡。劳拉的母亲是一个非常漂亮的女人，很快就嫁给了另一个英国军官，有了第二任丈夫。

　　1836年，劳拉的母亲在摆脱了她的第二任丈夫后，在一个名叫詹姆斯的年轻英俊的中尉的护送下，从印度来到英国。劳拉那时十九岁，身材、相貌样样出众。当詹姆斯中尉看到她的那一刻，他就逃不脱她的手掌心了。劳拉的妈妈并不知道。詹姆斯无可救药地爱上了劳拉，很快就和她私奔了。1837年7月23日，他在爱尔兰的米斯郡（County Meath）与她结婚，成了她众多丈夫中的第一个。

　　詹姆斯夫妇在都柏林定居了一段时间，迷人的劳拉迅速地适应了那里的军队生活。她似乎表现得相当好，但她的性吸引力仍在不断增强，当时的郡治安长官诺曼比勋爵（Lord Normanby）一见到她就被迷住了。对诺曼比夫人和其他军人的妻子来说幸运的是，劳拉并没有在都柏林停留太久。无论如何，对于一个在令人陶醉的东方文化氛围中长大的女孩来说，这座城市实在太乏味了。令劳拉高兴的是，几个月后她的丈夫被调回印度了。这对夫妇在西姆拉（Simla）住了下来，那是一个美丽的山庄，位于通往喜马拉雅山脉的路上。

　　尽管英属印度的生活表面上富丽堂皇，但也可能非常乏味和狭隘，而劳拉来到西姆拉，就像一场烟花照亮了一个非常平淡的场地。在劳拉曾经参加的聚会、舞会和社交晚会上，出现了一种新的、不寻常的兴奋气氛。劳拉很快就让所有的年轻军官兴奋起来。劳拉的丈夫，现在的詹姆斯上尉，意识到劳拉对其他男人太有吸引力了，不能成为他想要的妻子。他和一个魅力没那么大的女人私奔了——这个女人在维护她的名誉和他的婚姻权利方面，不需要太操心。

　　劳拉很显然地受到了极大的羞辱，但相比她的自尊受到的伤害，更严重的是她新的社会地位。作为一个被遗弃的妻子，她完全失去了面子；在外派人士们约定俗成的残酷生存法则中，她成了印度最低阶级的贱民。受到的邀约逐渐减少，她在交际中开始受到冷落。在这种情况下，劳拉很难留在印度，因此她去了英国。

当劳拉到达伦敦时，她发现她的母亲已经结了第三次婚，她的继父，一位名叫克雷吉（Craigie）的先生，决定收养她为继女。克雷吉派了一个加尔文教徒，一个沉闷的、可能对女人有免疫力的人，陪同劳拉北上珀斯（Perth），他可能认为在那里可以驯服这个性格狂野的年轻女孩。克雷吉没有考虑到劳拉要做自己的事的决心。她告诉她的加尔文教看守者，她可以对专横的克雷吉做什么，并断然拒绝前往珀斯。这位加尔文教徒受伤退出了。劳拉在伦敦定居了一段时间，她在那儿不可避免地有了一连串的情人。

一个社会弃儿

不久之后，詹姆斯上尉与劳拉离婚了，或者更确切地说，劳拉认为他是这么做的。在其他约束都无法阻止劳拉的情况下，这个限制却阻止了劳拉。在19世纪40年代

上图：劳拉·蒙特斯发现，当她出现在舞台上时，很容易让一群男人为之惊叹。看到她，似乎就会疯狂地爱上她。结果，她在身后留下了一连串潜在的恋人和破碎的心。

如果她会成为社会的弃儿，她不妨好好干自己的工作，登上舞台，把自己从那个时代社会的条条框框中解放出来。

以及之后的一个多世纪里，离婚的夫妻中妻子一方会被贴上"荡妇"的标签。劳拉以非常实际的方式处理了这件不体面的事件。如果她会成为社会的弃儿，她不妨好好干自己的工作，登上舞台，把自己从那个时代社会的条条框框中解放出来。在当时，女演员不比妓女好多少，舞女也是如此。劳拉喜欢跳舞，并决定专攻西班牙南部安达卢西亚地区表演的那种坦率的、放纵的舞蹈。她黝黑的外表、曲线玲珑的身材，以及经过几年无拘无束的生活之后那种迷人的举止，使她非常适合这种风格的舞蹈。

玛丽·詹姆斯（当时她仍然叫这个名字）缺乏所需要的异国情调的形象，所以她把劳拉作为自己的名字，并加上了蒙特斯。然而，初入戏剧界的新人经常遭遇这样的命运——需要长期的"休养期"。而劳拉没有经过这一阶段，她的八卦流言已经广为人知，尽管臭名昭著，但这依然让她能够吸引现成的观众。其中包括社会精英——国王威廉四世（William IV）的遗孀阿德莱德王后（Queen Adelaide）；在位女王维多利亚（Victoria）的母亲肯特公爵夫人；以及维多利亚的叔叔德国汉诺威国王。在伦敦的女王剧院，罗拉被标榜为塞维利亚（Seville）王家剧院的唐娜·劳拉·蒙特斯，但不幸的是，一位观众——托马斯·拉内拉赫勋爵（Lord Thomas Ranelagh），知道她的真实身份。由于不久之前，劳拉曾经拒绝了这位勋爵的追求。作为"回报"，他让她在伦敦的第一次演出也成为她的最后一次演出。

起初，其他的观众都被劳拉的舞台表演所迷住了，她那挑逗性的动作也使他们很兴奋。直到拉内拉赫勋爵叫了起来："为什么！那是玛丽·詹姆斯！"并继续对她发出呼声和嘘声。他的朋友们也加入了进来。观众也开始这样，直到劳拉无法继续下去，逃离了舞台。她感受到了很严重的羞辱，第二天就离开了这个国家。

劳拉几乎一贫如洗，她在欧洲流浪，直到不可避免地遇到了一个新的情人。他为劳拉在华沙争取到了一个跳舞的机会，那些阅历浅的波兰人都为她疯狂。评论家们用他们最丰富多彩的形容词来描述劳拉的表演和劳拉本人。根据他们说，她是罗马的爱情女神维纳斯复活了。她的眼睛里有十六种"勿忘我"的颜色。她的脖子优雅而洁白，胜过天鹅。

上图：伊万·帕斯克维奇是另一个爱上劳拉·蒙特斯的著名人物。这位俄国军事领导人曾参加过1805年的奥斯特里茨战役，并指挥了对西里斯特里亚（Silistria）的围攻（如图），这是克里米亚战争的前奏。

　　劳拉在华沙引起的再一次轰动自然吸引了一些著名的情人，他们通过寻求拥有最新的性感象征物来装饰自己的自尊心。劳拉自己的自尊现在也不小了，她可以——或者自以为可以——挑三拣四了。这就是为什么60岁的亲王伊万·帕斯克维奇（Ivan Paskievich）——俄国的波兰总督，对劳拉怀有强烈的感情，却发现她对他并不感兴趣。帕斯克维奇拥有的打压劳拉的力量比拉内拉赫勋爵所希望的要大得多。果然不久之后，劳拉就得知帕斯克维奇已经签署了一项对她的驱逐令，于是她被毫不客气地抛弃在了波兰边境上。

果然不久之后，劳拉就得知帕斯克维奇已经签署了一项对她的驱逐令，于是她被毫不客气地抛弃在了波兰边境上。

劳拉动身前往巴黎。1845年她在那里首次以舞者身份亮相。那是一次耻辱的失败，因为法国人有很高的品位和艺术鉴赏力，不会为一个业余爱好者的嬉闹所迷惑，劳拉的表演在一片嘘声、嘲讽声和严厉的批评中落幕。劳拉的下一个目的地是德国，然后从那里前往巴伐利亚王国的首都慕尼黑，她发现在那里关于她的逸闻趣事已经使她成为一个名人。但是，听取耸人听闻的流言蜚语和不道德的指控并不意味着劳拉能被巴伐利亚的当权者所接受。在巴伐利亚，家庭生活是非常重要的，忠诚、贞洁的美德也很重要，最重要的是体面。劳拉从来没有学习过这些内容。维特尔斯巴赫王室是这一切正义的基石，他们优雅、有艺术气息，对巴伐利亚人来说是一群可爱的人，他们经常有古怪的行为，这被认为是他们魅力的一部分。这个家族的核心人物是国王路德维希一世，他因其建筑计划和明显的平等主义理念而受到尊敬。

当然，国王并不像他的行为和表面上的节俭所表明的那样好得不能再好了。维特尔斯巴赫家族的人性情普遍反复无常，但并不疯狂。和家族里的其他人一样，路德维希是一个性格充满反差的人。他思想开明，但如果他认为自己的王权受到了侵犯，就会变得非常傲慢。他在很多方面都很聪明，但也很容易受骗。他是一个慈爱的丈夫和父亲，但是他的风流韵事也很多。特别是对于一张漂亮的脸蛋，他没有任何抵抗力。

右图：劳拉·蒙特斯摆出一种挑衅的姿势，用一种所谓的"来我这里"的眼神几乎奴役了她遇到的每一个男人。

路德维希一世，一位深受爱戴的统治者

1846年，当劳拉来到慕尼黑时，巴伐利亚人并不太关心那些比较古怪的维特尔斯巴赫家族成员，因为路德维希一世显然不是他们中的一员。在长达二十多年的统治中，路德维希一世始终带着自己对古希腊和古罗马辉煌的欣赏，用宏伟的宫殿、庙宇和博物馆来装点慕尼黑城。他使这座城市成为每个巴伐利亚人都引以为豪的城市，尽管花费巨大，他的臣民还是因此而爱戴他。

没有防备的居家男人

相比之下，他本人是谦逊、不装腔作势的。当时的德国是一个由独立和半独立的国家组成的联合体，路德维希国王与其他统治者不同，他没有疏远他的臣民，也没有把非王室成员视为比他低一等的人。甚至远非如此。路德维希喜欢在无人看管的情况下沿着慕尼黑的街道漫步，与路人聊天。他似乎很高兴不被人认出来，在街上被人当作路人看待。

同样，路德维希更喜欢简朴的生活，喜欢家庭生活，这在其他许多德国王室中是很罕见的特征。

右图：虽然巴伐利亚国王路德维希一世在这张照片中以军装出现，但他并不像19世纪德国的一些统治者那样好斗。巴伐利亚人因为他的仁慈、谦虚和热心肠而爱戴他。

当她出现在慕尼黑王家剧院的导演面前进行试演时，街上的各种传言已经表明她不受欢迎了。

不仅仅是漂亮的脸蛋

正如许多男人——以及他们的妻子或情妇——已经发现的那样，劳拉·蒙特斯远不止有一张漂亮的脸蛋。当官员们得知这个古怪的女冒险家出现在慕尼黑时，气氛变得剑拔弩张。劳拉一下子就被视为对巴伐利亚王国及其所有人都很危险的存在。教会似乎认为她是一个破坏稳定的因素。神职人员为此毫不犹豫地进行了反劳拉的宣传。当她出现在慕尼黑王家剧院的导演面前进行试演时，街上的各种传言已经表明她不受欢迎了。

这些传言是否影响了导演先生的决定，我们不得而知。但他看了劳拉的舞蹈，

上图：每当劳拉·蒙特斯在欧洲的时尚沙龙演出时，男人和女人都蜂拥而至。当她在剧院里跳舞时，公众也表现出同样疯狂的热情。

觉得她不够擅长出演他的戏，于是拒绝了她。倔强的劳拉并没有被打倒。到目前为止，她充满丑闻的生活已经让她摆脱了所有的约束，而她经常肆无忌惮地表现出她的厚颜无耻。在王家剧院受挫后，她决定向路德维希一世本人请愿，并前往他的宫殿，要求与他会面。她向国王展示了她美丽的胸部，国王立刻被吸引住了，很快就满足了她的要求——允许她在王家剧院跳舞。路德维希

> 他每天都待在她的闺房里，每天为她写长长的、充满激情的诗句，甚至忽略了他曾经对艺术、意大利和古典文学的浓厚兴趣。

在那里观看了劳拉的表演，他更被劳拉的魅力迷住了。后来，他对他的大臣们说自己被迷住了，而且，大臣们通过几个联络人观察路德维希国王，他们很清楚地意识到这一次国王面临的诱惑是不同寻常的——而且很危险。

大臣们的担心很快得到了证实。没过多久，路德维希似乎离不开劳拉了。他每天都待在她的闺房里，每天为她写长长的、充满激情的诗句，甚至忽略了他曾经对艺术、意大利和古典文学的浓厚兴趣。劳拉和国王一直否认他们的性关系，考虑到国王的年龄，有些人愿意相信这一点。其他人则拒绝相信——欧洲最有名的交际花和敏感多情的老国王待在一起那么长时间，怎么可能什么都没有发生。

一种不健康的迷恋

然而，更令人担忧的是路德维希喜欢与劳拉讨论国家事务。劳拉的自由主义观点和她的丑闻历史一样众所周知，这使她成为国家的一个潜在危险因素。当时人们认为自由主义者是对既定政治和社会秩序的威胁，尤其是对统治欧洲君主制国家的专制君主的权利和特权的威胁。然而，这还不是全部。由于劳拉是加尔文教徒，也就是严格的新教徒，她是坚定的反天主教人士。耶稣会士——巴伐利亚的天主教活动家，是不会容忍这一点的。耶稣会士很久以前就证明了他们是好斗的人，在向劳拉宣战的时候，他们根本不在乎路德维希一世也会成为他们的斗争目标。他们开始了一场反对劳拉的诋毁运动，这一运动以野蛮讽刺的形式登上报纸。与此同时，国王也不可避免地受到了嘲弄。

然而，效果是零。路德维希被迷得神魂颠倒，他拒绝与劳拉分开，也拒绝相信任何对她不利的故事，即使这些故事是真的。在他们第一次见面后仅仅几个月，路

德维希就用她的支持者之一施伦克男爵（Baron Schrenk）取代了他的首席大臣阿贝尔（Abel），这清楚地表明了劳拉对他的影响。人民发出了强烈的抗议，谣言也开始隐晦地暗示，通过这位痴迷的国王，劳拉·蒙特斯很快就会统治巴伐利亚了。一些官员试图把路德维希从她的手中抢过来，但都失败了。巴伐利亚警察局长因抗议劳拉日益增长的影响力而受到监禁的威胁。当国王下令为她画一幅画像，并将其悬挂在慕尼黑最重要的艺术画廊之一时，那些故意怠慢她的上流社会的女士们得到了国王的回应。阿尔科 - 瓦利伯爵（Count Arco-Valley）非常愤怒，他把挂在同一画廊里的他妻子的画像取了下来。宫廷官员也加入了这场争斗，但路德维希告诉他们，他非但不会将劳拉置于一边，反而打算让她成为女伯爵。

　　一名红衣主教威胁国王说要把他逐出教会，这是一个天主教徒可能遭受的最严重的惩罚，但路德维希没有理会。他继续把大部分时间花在劳拉身上，每天下午都可以看见他步行到他在慕尼黑送给她的那幢富丽堂皇的大宅里去。接着，路德维希的妹妹——奥地利的皇太后，在耶稣会士的劝说下，打算给劳拉两千英镑，让她离开这个国家。但劳拉太聪明了，不会被贿赂所骗。她把这件事告诉了国王。国王勃然大怒，并让人们知道这个皇太后的信被撕毁了。路德维希实施了他的威胁计划，册封劳拉为兰斯菲尔德女伯爵（Countess of Landsfeld）、罗森塔尔女男爵（Baroness Rosenthal），并授予她圣特蕾莎勋章（Order of St Theresa）。

右图：路德维希的妹妹——奥地利皇太后给劳拉写信，并给她一大笔钱，让她离开巴伐利亚，远离她的哥哥。劳拉拒绝了，并撕毁了这封信。

上图：1848年，一系列游行示威活动在德国各地爆发，这个事件被称为三月革命。这张浪漫主义风格的图片描绘的是柏林的骚乱者，仅仅展示了一些最严重的骚乱现场，但是骚乱遍布了整个地区。

国王显然决心不惜一切代价维护劳拉，但他必须克服一些巨大的阻力，才能把她提升为贵族。首先，劳拉必须成为巴伐利亚的公民，但根据宪法的要求，没有哪个大臣会在她的入籍信上签字。然后，巴伐利亚内阁团结起来威胁说，如果劳拉不被送走，他们就辞职。然而，大臣们却发现自己被解雇了，取而代之的是一个由新教徒领导的自由派新内阁，而这位新教徒非常乐意在这些信件上签字。

革命的萌芽

讽刺的是，劳拉的头衔是在欧洲各地的王室和贵族开始失去对权力的控制时获得的。1848年，执政的国王、公爵和其他贵族如果拒绝批准新的自由主义宪法，就会受到暴乱和革命的威胁：这些宪法庄严地规定了人民的权利、法律面前人人平等、言论自由和结束经济剥削。这确实是一场革命，在这个世界上，几个世纪以来，王室统治和教会控制都是绝对的，民众唯一能做的就是无条件地服从。许多专制者屈服了，批准了所需的宪法，然后等待一年左右的时间，直到他们能够重新获得他们的专制权力。

巴伐利亚的情况不尽相同，因为它的君主制博得了大众的好感，君主也很受人敬仰。然而，路德维希的弱点在于他对劳拉的不正常依恋，这使得她对他产生了有争议的影响。因此，1848年巴伐利亚的革命是为了摆脱劳拉，而不是贬低国王。劳拉的敌人散布故事，旨在引起民众对迷信的恐惧，例如，有故事称劳拉是一个女巫，她的"亲信"是巨大的黑鸟。关于她是一名间谍的传言广为流传，并引发了新的争论，其中大部分来自慕尼黑的大学及其激进的学生。

在大学，和其他地方一样，劳拉有她的支持者，但她也有声势浩大的反对者，其中一些人在啤酒屋里喝得酩酊大醉，之后又包围了她的家，发出嘘声，大喊大叫，大肆辱骂。劳拉并不容易被吓倒。她没有躲在室内，而是出现在阳台上，用香槟酒和巧克力向人群泼洒。骚乱稍微平息了一些，主要是出于惊讶，不久之后，路德维希一世就到了。当他用钥匙开门进去时，骑警驱散了学生。

然而，路德维希的弱点在于他对劳拉的不正常依恋，这使得她对他产生了有争议的影响。

如果说劳拉和路德维希从这次事件中学到了什么的话，那一定不是谨慎。大约在这个时候，16世纪新教徒马丁·路德的半身像被放置在路德维希的乡间公馆之一——

瓦尔哈拉（Walhalla）。巴伐利亚的新教徒们对劳拉公开承认自己的信仰感到高兴，但天主教神职人员却怒不可遏。当路德维希改组内阁，剔除保守派，用对劳拉友好的激进派取而代之时，思想自由的巴伐利亚人感到很高兴。对于更传统的人来说，新内阁的绰号——"劳拉内阁"——是一种侮辱。

　　由于担心劳拉现有人身危险，她在大学的一群支持者组成了一个叫阿勒曼尼亚（Alemannia）的保镖团以保护她。他们在街上护送劳拉，并守护她的房子。事实很快证明，这些预防措施是非常必要的。幸运的是，1848年2月8日，当大学门前的愤怒示威演变成暴力时，阿勒曼尼亚的一支队伍也在场，书本和其他的投掷物朝劳拉扔来，她受到了猛烈的侮辱和威胁。这场骚乱本来就很容易失控，但劳拉走到街上，面对面地应对她的敌人。当她威胁要关闭大学时（她大概有权力这样做），一群暴徒向她冲了过来。她被阿勒曼尼亚保镖团救了出来，他们把她围了起来。

上图：这是一幅19世纪的插图，讽刺了人们对劳拉舞蹈表演的反应。她于1851年到1853年到美国东部进行巡演。她还于1855年在澳大利亚进行了巡演。

图中手持香烟的妇女是中年时期的劳拉·蒙特斯。香烟是在1832年发明的，但在此后很长一段时间里，妇女吸烟，尤其是在公共场合，都是令人震惊的。但后来，劳拉把震惊别人当作自己的职业追求。

侥幸逃脱

当她的敌人试图冲破保护圈时，一场激烈的战斗随之展开。劳拉设法逃了出来，她跑到附近的一个街道——特阿庭大街（Theatinerstrasse）上的一所房子里寻求庇护。她选错了避难所。房子里的人拒绝让她进去。在愤怒的暴徒的追赶下，她逃到了铁阿提纳教堂（Theatiner Church），教堂及时关闭了她身后的门。幸运的是，当暴徒们在门前轰门时，一队骑兵及时赶来，把他们赶走了。

路德维希一世自然对这些事件感到震惊，第二天他就下令关闭大学。这些违规学生被勒令在二十四小时内离开慕尼黑。通常情况下，民众会服从路德维希的命令，但随着整个欧洲革命热情的高涨，当时并不是常规状态。激进分子被国王的法令激怒了，一群暴民聚集在王宫附近，要求路德维希撤销这一法令，并将劳拉赶出巴伐利亚。街道上建起了路障，市民们武装好自己，自发组织起来。路德维希一世现在意识到，慕尼黑的市民们即将以这些已经被法国革命者完善的典型方式起来反对他。

不光彩的撤退

最后，由于恐惧和对他摇摇欲坠的王位的担忧，路德维希终于明白该怎么做了。他召见了他的大臣们，希望他们有一个解决方案，但他们只是让他更加恐惧了：在路德维希和维特尔斯巴赫家族与灾难之间二择一，而只有王室在驱逐劳拉的命令上签字才能避免灾难。路德维希签了字。情况非常紧急，路德维希的命令甚至没有给劳拉足够的时间来准备离开：她必须在一小时内出发。劳拉被吓呆了。她曾确信国王会支持她的。现在她只有时间收拾她的珠宝和一些必需品，而屋外的一群凶恶的"乌合之众"却在咒骂和威胁她。当她从前门走出来，踏上马车时，国王派来了骑兵保护她。在人群中的某个地方，路德维希一世乔装打扮站在那里，看着她离开。当马车在骑兵的簇拥下驶离时，暴徒们冲进了劳拉的房子，开始把那个地方洗劫一空。

国王的心已经碎了，他不忍心看到这个失去幸福的地方被毁掉。他在喧闹声中大声喊叫，命令停止抢劫。他的出现，而不是他说的话，似乎平息了人们的愤怒，

路德维希一世乔装打扮站在那里，看着她离开。当马车在骑兵的簇拥下驶离时，暴徒们冲进了劳拉的房子，开始把那个地方洗劫一空。

因为尽管他乔装打扮，人们还是认出了他，人群中有人开始大喊："上帝保佑国王！"他们把他团团围住，在拥挤的人群中，路德维希不是失去平衡摔倒了，就是被人推倒了。他设法重新站了起来，但显然被吓呆了，他摇摇晃晃地回到了王宫，他对臣民们的忘恩负义和他们强迫他做出的牺牲越来越不满。

这对他的影响是巨大的。路德维希从此对他的家庭变得冷淡，对国家事务失去了兴趣，郁郁寡欢。在这种不健康的孤独中，路德维希的维特尔斯巴赫偏执狂倾向——尽管他基本正常，却有这种倾向——开始使他相信，关于劳拉的故事也许终究是真的。也许她是一个间谍，是一个穿裙子的革命者，是意大利自由共和党人朱塞佩·马志尼（Giuseppe Mazzini）或者英国辉格党外交部部长帕麦斯顿勋爵（Lord Palmerston）的工具。劳拉是普鲁士的特工，或者是一个企图摧毁维特尔斯巴赫王朝的女巫，这些都是路德维希国王不安的头脑中闪现过的其他可能性。

辛酸的退位

当路德维希把劳拉送走的时候，他相信他是在挽救他的王位，但是激进分子在尝到了一次胜利的甜头后，又决心要取得另一次胜利。就像1848年欧洲各地的其他革命者一样，他们吵着要求自由主义改革和新的民众权利。当路德维希拒绝了他们后，路障再次竖起，居民区附近发生了骚乱。突然间，路德维希意识到他已经受够了，于是在3月21日，他放弃了自己的王位，让给了儿子马克西米利安二世（Maximilian II）。路德维希作为国王的最后一件事，也是最痛苦的一件事，就是签署了撤销劳拉·蒙特斯的巴伐利亚公民权的文件。

右图：1848年，路德维希国王因无法忍受劳拉事件的压力而退位。劳拉离开了巴伐利亚。就我们所知，路德维希小心翼翼地与这个毁了他一生的女人保持距离。

对比鲜明的结局

　　1848年退位后，路德维希的日子过得相当不错。他继续留在巴伐利亚，住在维特尔斯巴赫宫。他经常出现在剧院里，而且有足够的时间享受他持久的爱好——意大利歌剧和古典历史。当他解除了职务，昔日臣民的爱戴又重新浮出水面。1862年，慕尼黑竖立起一座老国王的雕像，一群仰慕他的民众观看了雕像揭幕仪式。5年后，这位前国王到巴黎参加了一个盛大的展览，并受到了法国人的欢迎，对他们来说，他那悲伤而浪漫的故事具有极大的情感吸引力。

　　次年，也就是1868年的一天，路德维希在法国南部的尼斯去世，终年82岁。慕尼黑为他举行了盛大的葬礼。路德维希在他自己的新古典主义建筑古代雕塑展览馆中躺了好几天，成千上万的巴伐利亚人列队瞻仰他的灵柩。后来，他被

> 1848年退位后，路德维希的日子过得相当不错。他继续留在巴伐利亚，住在维特尔斯巴赫宫。

上图：路德维希一世为慕尼黑建造了许多美丽的建筑，其中包括壮观的圣卜尼法斯大教堂，这是他在1835年为纪念他的银婚纪念日而建造的。

埋葬在圣卜尼法斯大教堂，这是他出于对古典建筑的热爱下令修建的另一个伟大的建筑。

　　路德维希一世去世时，劳拉·蒙特斯已经去世七年了。路德维希曾安排人给她寄钱，但这笔钱很快就用完了，而且从她戏剧性地离开慕尼黑到1861年去世（43岁）期间，这位前国王似乎从未试图与她进行个人接触。他的沉默是有原因的。在失去了面子、名誉、王位和家人（1848年路德维希的家人抛弃了他）之后，路德维希很可能决定，必须保留他最后的尊严，以对抗那个毁了他的女人。

　　与路德维希的关系结束后，劳拉又恢复了原样，卷入了一连串的丑闻中，其中

下图：这是路德维希国王晚年的肖像，在他成熟的岁月里，他看起来更老、更悲伤，当时他的生活和统治都被他对劳拉的痴迷毁掉了。

有些丑闻甚至对她来说都是新的。劳拉发现，她的第一任丈夫詹姆斯上尉并没有像她所认为的那样与她离婚，但她还是继续进行了更多的婚姻，当然，这些婚姻都是重婚的。她很快就抛弃了她的"丈夫们"，并对一连串的情人做了同样的事，其中一个人还开枪自杀了。她的钱花光了，陷入了严重的债务危机，在她躲避法警的追捕后，她的财产被没收了。有时，劳拉的生活非常拮据，于是她回到舞台上，在讲述她在慕尼黑的冒险的戏剧中扮演自己。后来，她以职业舞者的身份周游世界，取得了成败参半的成绩。有记录显示，在她偶尔演出的剧院里，劳拉与其他女演员或舞者之间发生了拳脚相加和斗殴这类的冲突。

羞愧和困惑

在这种情况下，路德维希更愿意与这个古怪的女人保持距离，这是可以理解的。更重要的是，劳拉在她25年的职业生涯中，几乎违反了所有的规则，践踏了所有的风俗习惯，并冒犯了她那个世纪所知道的社会的大多数传统。一路走来，她在身后留下了大量的废墟——困惑的、被剥削的或被遗弃的男人，被抛弃的妻子和情妇，愤怒的官员和教士，气急败坏的债权人，以及其中最负盛名的受害者，一个曾经是国王的、悲伤而又羞愧的老家伙。

劳拉在她25年的职业生涯中，几乎违反了所有的规则，践踏了所有的风俗习惯，并冒犯了她那个世纪所知道的社会的大多数传统。

第五章

空中楼阁：
巴伐利亚的
路德维希二世的悲剧

巴伐利亚的路德维希二世（Ludwig II，1845—1886）和他的医生伯恩哈德·冯·古登（Bernhard von Gudden）承诺在1886年6月13日晚上8点之前从贝格城堡（Castle Berg）的院子里散步回来。路德维希继承了维特尔斯巴赫家族的疯病，在这种可怕的情况下，这些散步是为数不多的令人愉快的时刻之一。

上图：路德维希二世，巴伐利亚国王路德维希一世的孙子，他喜欢幻想，这不仅表现在他对理查德·瓦格纳（Richard Wagner）的歌剧的痴迷上，还表现在建造新天鹅堡（Neuschwangau，左图）等著侈的浪漫主义风格的城堡上。

这并不能抹去一个可怕的事实：疯病和对疯病的恐惧又一次降临到了维特尔斯巴赫一家身上。

三天前，路德维希被宣告不适合统治，他的叔叔卢伊特波尔德王子（Prince Luitpold）被任命为摄政王，代替他统治国家。路德维希最初的反应是情绪化的。但后来，他平静下来，慢慢接受了这一事实。当冯·古登医生建议他吃点东西睡觉时，路德维希安静地听从了他的安排。事实上，他在接下来的三天里表现得非常好，好到让冯·古登相信，他们已经可以不需要通常与他们一起散步的警卫。但晚上8点过后，国王和冯·古

上图：马克西米利安二世国王是命运多舛的路德维希一世的儿子，在他父亲1848年退位后继承了巴伐利亚的王位。

登还都不见踪影。冯·古登的助手穆勒（Müller）医生惊慌失措，下令搜查城堡。结果什么也没发现。搜索的时间延长了，两个多小时后，路德维希和冯·古登被发现死在附近的施塔恩贝格湖（Lake Starnburg）里。他们两人都是淹死的。穆勒医生试图进行人工呼吸，但为时已晚，国王和冯·古登已经死了近六个小时。

尽管路德维希死时已近41岁，但他看起来面容光滑，很年轻。他的英俊外表不再因疯病而黯然失色，仿佛死亡的那一刻，他多年来的恐惧幻想已经一扫而空，而这些幻想只有那些像国王一样与现实脱节的人才知道。但这并不能抹去一个可怕的事实：疯病和对疯病的恐惧又一次降临到了维特尔斯巴赫一家身上。这对巴伐利亚王室来说是一场持续的悲剧。路德维希的表姑奥地利的伊丽莎白皇后（即茜茜公主）的不正常行为不断使后者的丈夫弗朗茨·约瑟夫（Franz Josef）皇帝感到尴尬。她古怪的性格再次出现在他们的儿子——忧郁和自杀的鲁道夫王子（Prince Rudolf）身上。这还不是全部。路德维希的弟弟和继承人奥托一世（Otto I）也患有精神病，他是在禁闭中登上王位的，有看守人日夜监视着他。

令人不安的早年生活

追溯路德维希的早期生活，可以发现他的疯病表现形式的几个线索。路德维希出生于1845年，在他的祖父路德维希一世国王于1848年退位后，他在3岁前就成为巴伐利亚的王储。这个地位使他与世隔绝，并在他那孩童的头脑中种下了一种过分的自豪感和优越感。当王室的仆人们被命令向年轻的路德维希鞠躬致敬时，这种感觉得到了加强。

当时他还被封为"王子殿下"，打破了王子年满18岁才被授予"王子殿下"这个头衔的传统，而且，据推测，18岁这个年龄应该不会让王子们被这个头衔冲昏头脑。路德维希无论是和比他小3岁的弟弟奥托玩游戏，还是和别人一起进入房间时，总是排在第一位。这一表现扩大到了男孩们可能出现的任何地方。有一次，在贝希特斯加登（Berchtesgaden）的王宫里，当奥托试图赶在他哥哥前面进入温室时，路德维希打了他一顿。在受到父亲马克西米利安二世国王的严厉惩罚后，路德维希又有了另一个执念：对贝希特斯加登的病态憎恨。这是他混乱余生的一种常态。任何与令他感到羞辱或其他不快的经历有关的地方，他都会厌恶。

上图：施塔恩贝格湖边的这一幕，展示了贝格堡和精心设计的宫殿花园，描绘了路德维希二世国王和他的医生伯恩哈德·冯·古登在湖边被人发现死亡之前的最后一次散步。

没有道德界限

当路德维希的家庭教师责备他从商店里偷了一个钱包时，路德维希坚持认为，作为未来的国王，巴伐利亚的一切都属于他。

　　路德维希二世似乎连简单的是非观都没有了。当路德维希的家庭教师责备他从商店里偷了一个钱包时，路德维希坚持认为，作为未来的国王，巴伐利亚的一切都属于他。家庭教师梅尔豪斯（Meilhaus）的任务是把路德维希培养成一个合格的德国王子，她和其他家庭教师或指导员是不同的。当路德维希内向的性格使他误入歧途时，她温柔地对待他，总是向他解释而不是严厉批评他。事实上，她几乎是路德维希身边唯一一个他不恨也不惧的人。

左图：这是一幅维特尔斯巴赫家族的画像。国王马克西米利安二世和他的妻子玛丽王后与他们的儿子，未来的国王路德维希二世（左一）和奥托王子（右一）一起拍摄了这张照片。奥托的精神错乱比他的哥哥严重得多。

上图：这是《莱茵的黄金》（*Das Rheingold*，1854年）中的一个场景。《莱茵的黄金》是理查德·瓦格纳的四联神话歌剧《尼伯龙根的指环》（*Der Ring des Nibelungen*）中的第一部。路德维希二世对歌剧中的神话世界非常着迷，他试图重新创造它。

不幸的是，梅尔豪斯在1854年从路德维希的生活中消失了，当时他9岁，王室认为他已经做好可以接受更严格训练的准备了。路德维希被要求每天接受14小时的训练，其目的是锻造一个勇敢、自信、意志坚定的王子，使其有资格继承巴伐利亚王位。路德维希在很多方面都是一个聪明的学生，在法语和历史方面取得了足够的进步，足以让他的家庭教师满意。他还擅长棘手的古希腊语翻译，并在数学方面表现出很强的天赋。然而，这些成绩不过是掩盖路德维希内心世界秘密的烟幕弹。他很早就意识到，他不敢表现出过度的想象力、浪漫主义和对艺术的喜爱，而这些都是他性情中的主要部分。由于周围的家庭教师们都想让他沉稳，为了弥补这一点，他开始做白日梦。

他所幻想的是古老的日耳曼传说，当时德国作曲家理查德·瓦格纳将这些传说用来创作他的大型歌剧。路德维希陶醉在瓦格纳笔下的古代异教之神、勇敢的骑士、神话中的野兽和凶猛的龙的世界里。瓦格纳的音乐——气势恢宏、充满着梦幻般的旋律和丰富的管弦乐色彩——对路德维希来说意义不大，真正使他着迷的是瓦格纳带来的如此壮观的神话般的幻想世界（demi-world）。虽然对世界充满幻想在青少年时期并不稀奇，但对路德维希来说，这一点从来都没有随着他日渐成熟而有所消退。直到他生命的最后一刻，路德维希都没有停止过这些幻想。

为了在这个想象的世界里不受干扰、不被发现，路德维希披上了一层外表正常的外衣。在外形上，他有很多优点。他非常英俊，身材高大，令人印象深刻，而且知道如何在公众面前表现出一副威风凛凛的样子。1863年，也就是他18岁那年，他

上图：骑在马背上的年轻的路德维希，选自西奥多·迪茨（Theodore Dietz）的一幅画。

克拉夫特王子写到了路德维希的"聪明才智，他的身体技能和勇气"，并记录了对他在马背上的优雅举止以及他了解艺术和科学知识的钦佩。

的堂舅普鲁士国王威廉一世（Wilhelm I）访问巴伐利亚的首府慕尼黑，路德维希也在场。威廉的副官（Adjutant-General）克拉夫特王子（Prince Kraft）写到了路德维希的"聪明才智，他的身体技能和勇气"，并记录了对他在马背上的优雅举止以及他了解艺术和科学知识的钦佩。即使考虑到王室官员通常存在的谄媚行为，克拉夫特的叙述中也洋溢着对这位优秀、正直、前途似锦的年轻王子的赞赏。

心不在焉的状态

但是普鲁士的"铁血宰相"奥托·冯·俾斯麦伯爵（Count Otto von Bismarck）却更有洞察力。晚餐时，他坐在路德维希旁边，注意到了王子的恍惚状态，以及他谈话时语无伦次、心不在焉的状态，同时这也表明，他在思考时完全处于一种游离的状态。对路德维希来说，在自己和俾斯麦或克拉夫特王子这样的人之间设立心理防线是一回事；当他遇到那些不像他们，但了解他真实情况的人时，则是另一回事。其中之一是塔克西斯的保罗王子（Prince Paul of Taxis）——他的副官（aide-de-camp）。保罗是一个诚实、愉快的年轻人，对任何一个王子来说，他都会成为一个值得信任的朋友，但只是一个朋友。路德维希对保罗的依恋更强烈。他对副官的情感投

奥托·冯·俾斯麦伯爵注意到了王子的恍惚状态，以及他谈话时语无伦次、心不在焉的状态。

入和想要分享他内心深处想法的需求，使他的副官快要窒息了。保罗发现这一切已经让他难以承受了，于是决定远离贝希特斯加登，搬到雷根斯堡（Regensburg）附近他家族的一个乡村庄园。

除了他自己的经历，保罗王子还在一次与一个年轻木工的邂逅中发现了路德维希疯病的事实，当时他们在山间散步，遇到了这个木工。保罗看到的是一个强壮、健康、英俊的农民，是典型的瓦茨曼（Watzmann）山谷的农民和乡民。相反，路德维希则想象出一个美丽、浪漫的人物，把他说成是"山中之王"，并幻想着有一天他可以在这样的农民中找到一份纯洁的友谊，远离王室的恶意和阴谋。但宫廷很快把他关在了里面。1864年，他的父亲马克西米利安去世，不满19岁的路德维希登上了巴伐利亚的王位。

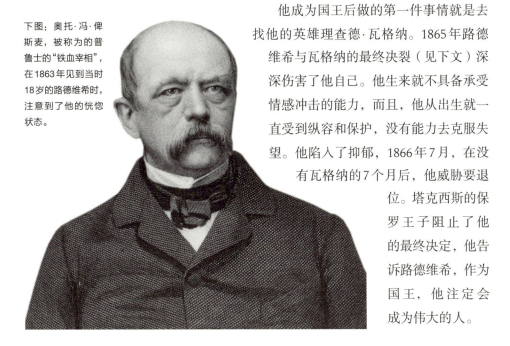

下图：奥托·冯·俾斯麦，被称为的普鲁士的"铁血宰相"，在1863年见到当时18岁的路德维希时，注意到了他的恍惚状态。

他成为国王后做的第一件事情就是去找他的英雄理查德·瓦格纳。1865年路德维希与瓦格纳的最终决裂（见下文）深深伤害了他自己。他生来就不具备承受情感冲击的能力，而且，他从出生就一直受到纵容和保护，没有能力去克服失望。他陷入了抑郁，1866年7月，在没有瓦格纳的7个月后，他威胁要退位。塔克西斯的保罗王子阻止了他的最终决定，他告诉路德维希，作为国王，他注定会成为伟大的人。

瓦格纳与国王

路德维希二世希望将理查德·瓦格纳带到宫廷里，这是一个漫长的过程。因为瓦格纳一直在躲避他的债权人，这对他来说是一件很平常的事情。这位作曲家最终被安置在瑞士的苏黎世，并受到一名王家信使的邀请来到慕尼黑，信使递给他一封来自路德维希的热情的粉丝信和一枚镶嵌着红宝石的金戒指。

当瓦格纳到达慕尼黑并见到路德维希国王时，他发现自己被当作弥赛亚（犹太人所期待的救世主）一样对待。路德维希首先热情地拥抱了他，并宣布他是自己"伟大的朋友"，然后命令为瓦格纳制作一幅画像，挂在他的书房里，与他的另两位偶像威廉·莎士比亚和路德维希·凡·贝多芬的画像放在一起。后来，国王慷慨地向瓦格纳赠送了数千弗罗林币，每年给他一笔津贴，在慕尼黑给他买了一栋大房子，偿还了他的剩余债务，并为他的下一部歌剧——《尼伯龙根的指环》支付了一笔巨额预付款。他甚至为作曲家的奢华品位提供资金，并为他庞大而昂贵的随行人员支付费用。

人民的公敌

但这是不可能持久的。这位深深崇拜瓦格纳的年轻国王对瓦格纳的真实本性视而不见——贪婪、以自我为中心、剥削他人。但巴伐利亚人很快就把瓦格纳看作是吸食他们天真和头脑发热的君主的吸血鬼。瓦格纳刚在慕尼黑的新家安顿下来，一场旨在将他赶出去的新闻宣传运动就开始了。瓦格纳本人也在无意中给了新闻界一次推波助澜的机会。路德维希国王最明显的痴迷之一是他想独占任何他所青睐的人。瓦格纳当时过于亢奋、自以为是，没有意识到当他派人去请他怀孕的情妇柯西玛·冯·比洛（Cosima von Bülow）时，这将会产生什么样的影响。

瓦格纳的许多敌人一眼就看出了将会发生什么。巴伐利亚宫廷档案员冯·林费尔德（von Linfelder）高兴地跑去告诉路德维希关于柯西玛和她未出生孩子的事。国王立即将柯西玛视为自己和他"伟大的朋友"之间的障碍，并通过不观看1865年瓦格纳的《飞翔的荷兰人》（*The Flying Dutchman*）和

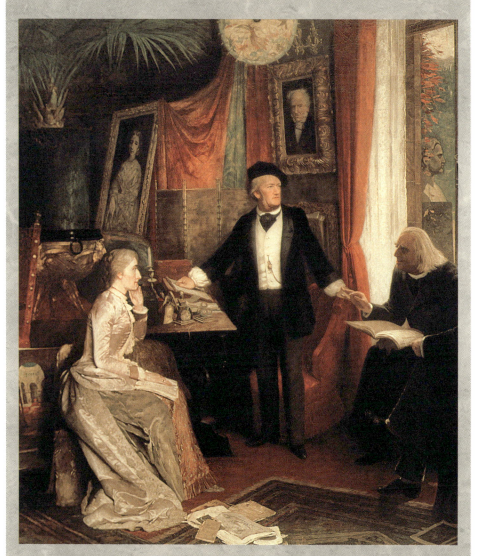

上图：音乐思想的交锋。理查德·瓦格纳（中）与作曲家兼钢琴家弗朗茨·李斯特（Franz Liszt，右）以及李斯特的女儿柯西玛，她也是一名钢琴家，后来嫁给了瓦格纳。

《唐豪瑟》（*Tannhäuser*）的演出来表示他的不满。后来，他拒绝接见这位作曲家。

瓦格纳没有得到这个消息。相反，他把目标对准了巴伐利亚政府中的敌人，并密谋反对首相路德维希·冯·德·普福德滕（Ludwig von der Pfordten），他没有意识到国王是多么信任和需要这位政治家，也没有意识到干涉王家尊严和王家特权是多么危险。对自己王室出身的骄傲和它所隐含的一切，是路德维希最早的痴迷，也是他最持久的痴迷。就像路德维希所做的许多事情一样，这是一种不自然的、不健康的心理状态，但这也是幸运的，因为这样可以使他免于遭受劳拉·蒙特斯给他的祖父路德维希一世国王带来的那种毁灭。

辞职的威胁

瓦格纳触碰到了敏感地带，路德维希这一次没能站起来为他的偶像辩护，因为当时首相威胁说，如果瓦格纳不被驱逐，自己就辞职。路德维希亲自向瓦格纳告知了这一事态发展的细节，而且他似乎在这样做的时候并没有情绪化。瓦格纳和柯西玛在巴伐利亚的首府待了大约20个月后，于1865年12月离开慕尼黑前往瑞士。

一个前国王有什么用？

保罗为保持路德维希在王位上的努力有更实际的原因。当时，巴伐利亚正在支持普鲁士对抗奥地利的战争。国王因个人和情感原因离开，会毁了维特尔斯巴赫家族，也会毁了保罗自己和理查德·瓦格纳的前途。瓦格纳本人也对失去他的金主感到恐惧：一个前国王对他来说根本没有用。

1866年8月，瓦格纳正在创作《纽伦堡的名歌手》（*Die Meistersinger von Nürnberg*，简称《名歌手》）。当月，保罗王子在瑞士卢塞恩（Lucerne）拜访作曲家的家时，给路德维希写了一封信，告诉他瓦格纳多么渴望完成这部作品，以及他是多么完全依赖路德维希。当然，这是情感上的勒索，路德维希信以为真上当了，他不再有退位的说法，但他仍然重度抑郁，并很快出现了妄想症。

与此同时，巴伐利亚的马克西米利安·约瑟夫公爵夫人卢多维卡（Ludovica）为她的小女儿索菲·夏洛特（Sophie Charlotte）挑选了路德维希。19岁的索菲是个讨人喜欢的女孩，非常值得她雄心勃勃的母亲给她戴上巴伐利亚王冠。路德维希已经认识索菲，而且至少喜欢她，这使她在他的女性熟人中是独一无二的：他通常喜欢比自己年龄大得多的，或者至少是更成熟的女性。

左图：朱塞佩·蒂沃利（Giuseppe Tivol）的作品《理查德·瓦格纳》。路德维希国王把瓦格纳从他的许多债权人手中救了出来，并对他无比钦佩，期望得到他完全的忠诚。但当瓦格纳把他当时的情妇柯西玛带到巴伐利亚时，路德维希的热情冷却了。

结婚的义务

尽管路德维希喜欢漂亮的男人，但没有证据表明他对与索菲的订婚进行了抗争。作为一个未婚的君主，他有责任娶一个妻子并确保有后代继承王位。到目前为止，他因为年轻而没有履行这个承诺。然而，21岁那年，路德维希迎来了结婚的日子，王室于1867年元旦发布了结婚公告。

起初，一切似乎都是理所应当的。巴伐利亚的人民热烈欢迎他们未来的王后。路德维希表达了他对索菲的爱，索菲也表达了对他的爱。他甚至还恭维她，称她为埃尔萨（Elsa）——以瓦格纳的歌剧《罗恩格林》（Lohengrin）中的女主角为名。他们订购了一辆新的婚礼马车，并在王室寓所里为索菲建造了一间闺房。

这对夫妇私下非常亲热地通信。路德维希在写给他的未婚妻的信中有两种落款，一个是"我发自心底的一千次问候"，另一个是"我的心渴望着你"。

即便如此，还是有一个不和谐的调子。路德维希仍然忠于瓦格纳，尽管发生了这一切，他觉得没有必要隐瞒。1867年2月，他在写给索菲的信中说："如你所知，我的生命之神是理查德·瓦格纳。"很可能，索菲觉得这只不过是一个艺术青年对一位伟大天才的依恋。尽管如此，到了1867年6月，距婚期，也就是路德维希22岁生日的8月25日还有2个月，索菲开始怀疑了。一方面，路德维希计划将瓦格纳带回慕尼黑，随着他返程的日期越来越近，他变得异常兴奋。另一方面，到了8月，索菲的预感似乎得到了证实，因为路德维希开始表现出想要逃避结婚的迹象。他将8月的婚礼日期推迟到了10月，然后又推迟到了11月。最后，在10月7日，路德维希坦白了，他在给索菲的信中说："我结婚是被迫的，就像当初订婚的时候一样。"

尽管路德维希情绪泛滥，但他并不是一个残忍的人，他试图写一封信让索菲不那么失望，信中充满了对友谊和感情的保证。他还提出，如果索菲在一年内找不到一位新丈夫，他会重新订婚。这对索菲来说算不上是一种恭维，但却显示了他的慷慨。索菲太漂亮了，太有魅力了，不可能长久地保持单身。1868年9月28日，她嫁给了一位法国人——阿朗松公爵费迪南德·菲利普·玛丽（Ferdinand Philippe Marie）。

在这个时期，路德维希的幻想症即将达到一个新

> 最后，在10月7日，路德维希坦白了，他在给索菲的信中说："我结婚是被迫的，就像当初订婚的时候一样。"

的严重程度。1869年，他计划建造新天鹅堡，这是巴伐利亚西南部的一座新宫殿，也是后来赢得了"空中楼阁"这一称号的广受欢迎的建筑之一。另一座是林德霍夫宫（Linderhof Palace），是路德维希一生中唯一建成的"空中城堡"，时间是1878年。最后一座，赫伦基姆湖宫（Herrenchiemsee），它的目的是"吸收凡尔赛宫的宏伟和壮丽"。两个世纪前，路德维希心目中的另一位伟大英雄，法国国王路易十四在凡尔赛建造了欧洲最壮观的王家建筑群。

左图：图中的埃尔萨是瓦格纳的歌剧《罗恩格林》的女主角。这部歌剧的首次演出于1848年在魏玛举行。瓦格纳同时写了曲谱和剧本。

赫伦基姆湖宫仿照著名的凡尔赛镜厅而建，而且耗资巨大，到1886年，路德维希已负债1400万马克，几乎是他年收入的三倍。路德维希并不气馁，在死神阻止他之前，他计划建造更多的宫殿——一座是中国式的，另一座是拜占庭式的。瓦格纳式的主题是路德维希对城堡建筑的狂热的一个典型特征。城堡的墙上挂满了瓦格纳歌剧的场景画。路德维希认为他看到瓦格纳歌剧世界里的精灵和仙女们在宫殿的庭院里飞来飞去，因此也用大量的这些元素来装饰建筑。

一个被取代的未婚妻

路德维希二世将他对与索菲·夏洛特结婚的真正想法秘密记录在他的日记中。他在1867年10月8日写道："摆脱索菲了。""阴郁的画面消失了……现在我在这场折磨人的噩梦之后又活了过来。"他在11月28日的日记中写道："感谢上帝，可怕的事情没有发生。"当时已经推迟了两次的婚礼本应举行，但是路德维希无意在他的生活中缺少一份爱。他已经给出了他的爱，但索菲和理查德·瓦格纳都不知道。1867年5月，国王注意到了理查德·霍尼格（Richard Hornig），一个在王家马厩的年轻马夫。霍尼格具备了路德维希下一个为之释放伟大激情的人的所有条件。他大约比国王大5岁，相貌英俊，举止优雅，骑在马背上显得神采飞扬。而且和所有伟大的日耳曼英雄一样，他是一个金发碧眼的人。

1867年7月，路德维希带着霍尼格在德国最美丽和最有历史意义的地区之一——图林根森林中游玩，然后前往巴黎，在那里他们受到了法国皇帝拿破仑三世和欧仁妮皇后的款待，并参观了凡尔赛宫的博览会。当国王和马夫回到巴伐利亚的家中时，霍尼格已经稳稳地成为"理查德，我心中的挚爱"。

症状不断升级的疯病

与此同时，路德维希的疯病正在不可阻挡地加重。从国王的秘密日记中可以看出，他确信自己正在逐渐失去控制。他写到了自己有暴力倾向的、不自主的身体运动，视力下降，做噩梦，失眠，持续的头痛，以及对他自己察觉到的、但又不太确定的邪恶的内疚感。

路德维希有充分的理由担心被自己的精神错乱所控制。他的弟弟奥托的身体已经饱受疯病发作的折磨，不得不日夜被看守人照看。奥托疯狂的头脑有时使他相信，如果他脱下靴子或上床睡觉，灾难就会随之而来。在其他时候，他会做鬼脸，像狗一样吠叫，或者受到幻觉的折磨。然后他又恢复了正常，直到疯病再次发作。

从国王的秘密日记中可以看出，他确信自己正在逐渐失去控制。

右图：国王路德维希二世与他的未婚妻索菲·夏洛特。路德维希将与索菲结婚这件事视为"可怕的事情"，两次推迟了婚礼，最终拒绝了她。

上图：加百利·沙辛格（Gabriel Schachinger）的作品《路德维希》，展示了路德维希严肃的武士姿势。路德维希给人的印象是一个强大勇士形象的君主，这与他的真实性格相反——他的性格是情绪化的。

上图：这幅由费迪南德·里克（Ferdinand Leeke）创作的的画作《齐格弗里德和莱茵河少女》体现了理查德·瓦格纳歌剧中的幻想世界，这个世界让路德维希着迷，也让他对瓦格纳深深着迷。

上图：卢伊特波尔德王子是巴伐利亚的路德维希一世的第三个儿子。像他的父亲和他的哥哥马克西米利安二世一样，卢伊特波尔德躲过了维特尔斯巴赫家族疯病的诅咒，但不得不担任他的两个患有疯病的侄子——路德维希二世和路德维希的弟弟奥托一世的摄政王。

为了避免同样可怕的命运，路德维希绝望地挣扎着，用冷水浴来降低兴奋度。他在数字命理学、神秘主义和唯灵论中寻求答案。路德维希在日记中写下了一个庄严的誓言："三个月内不要有任何激动"或"不要有激情的拥抱"。也许这有帮助，哪怕只是一段时间。路德维希把他最混乱的幻想写进日记，通过神秘的涉猎来净化自己，他努力保持了正常的表现。然而，他日记中的记录揭示了路德维希的思想是如何不受控制地滑落的。他越来越痴迷于纯洁的理念，痴迷于把自己从人性的渣滓中解放出来。他写道："我永远不会停止（我的努力）。""我永远不会犯错。"

位于巴伐利亚州西南部的旧天鹅堡（Schloss Hohenschwangau）是路德维希二世长大的地方，也是王室的官方夏日行宫。1832—1837年，路德维希的父王马克西米利安二世在一座12世纪堡垒的废墟上建造了这座城堡。

寻找黄金国

与此同时，奥托王子的病情越来越严重，他的家人被迫承认他已经无法被治愈。路德维希比以往任何时候都更加恐惧：他可以看到自己的症状与他弟弟的症状越来越相似。他弟弟在1878年被正式诊断为精神病患者。到1879年，路德维希开始失去对自己的控制。他决定必须找到黄金国，这个传说中的黄金之国或城市，西班牙征服者们从16世纪就开始在南美洲孜孜不倦地寻找，但一直没有找到。然而，国王突然又对黄金国失去了兴趣，甚至失去了意识，对那个让他痛苦不堪的世界之外的一切都失去了兴趣。渐渐地，路德维希与世隔绝了。他解雇了他的宫廷官员，拒绝接见他的大臣们，解雇了他的私人工作人员，最后还驱逐了他的贴身男仆、他的服装师和他寝室的仆人。到1885年底，路德维希已经成为一个隐士。

无奈之下，巴伐利亚王室和政府不得不第二次面对一个他们一直不敢公开的事实：路德维希在精神上已经不适合履行他作为国王的职责。维特尔斯巴赫家族很多人都得了疯病，而且这种疯病在家族的男系和女系亲属都出现了。这场闹剧必须结束了。1886年6月，路德维希的叔叔、奥托王子之后的巴伐利亚王位第二顺位继承人，卢伊特波尔德王子，下令对国王的精神状态进行正式调查。4位医生就冯·古登医生已经收集到的证据进行了讨论。他们的诊断结果确定无疑，6月10日，慕尼黑发布了一份政府公告，宣布路德维希没有能力执政，并任命卢伊特波尔德为摄政王。

路德维希还没有神经错乱到不明白正在发生什么。他说："我可以忍受他们把政权从我手中夺走，但不能忍受他们宣布我疯了。"

当他在旧天鹅堡得到消息，说宫廷官员要来抓他时，他匆匆忙忙地给他的堂兄路德维希·利奥波德王子（Prince Ludwig Leopold，即后来的路德维希三世）写了一份求援信，并派了一个仆人去送信。仆人没能找到王子，但路德维希在疯狂地逃跑时，却酝酿了其他的计划。旧天鹅堡位于奥地利的边境附近，路德维希考虑从巴伐利亚逃到外国，那也是更安全的地区。国王还起草了一份反击宣言，呼吁他的臣民支持他。

但是，早在有人能够采取行动营救他之前，国王就被拘留了，并被关在他的私人寓所里，受到严格的监督。6月12日，他被锁在一个三人车队的中间车厢里。车厢内的门把手已经被卸下了，直到车队到达约80公里、8小时路程之外的贝格城堡时，看守的人才允许他出来。

疑似自杀行为

在路德维希抵达城堡后不久，他就要求拿到61米高的主塔的钥匙，他的随从立即怀疑国王想要自杀。路德维希的贴身男仆，一个叫迈尔（Mayr）的人，他假装钥匙丢了，因此挡住了他的主人，直到冯·古登医生和他的两个助手到达城堡。与此同时，路德维希正在前往塔楼的路上，医生决定设一个埋伏。他在通往塔楼的走廊和楼梯上安排了全副武装的守卫，并派迈尔把钥匙交给路德维希。

当国王走近时，两个看守跳了出来，控制住他的两臂，强迫他穿上了紧身衣。然后冯·古登出现了，他建议路德维希回到他的寓所。突然间，国王平静了下来。

在路德维希抵达城堡后不久，他就要求拿到61米高的主塔的钥匙，他的随从立即怀疑国王想要自杀。

左图：路德维希国王的医生，伯恩哈德·冯·古登医生被他的王家病人愚弄了，在他们最后一次在施塔恩贝格湖边散步时，他们避开了常规的警卫人员，为此他付出了生命代价。

路德维希的林德霍夫宫花了23年的时间才建成，据估计总造价超过3250万英镑。长期以来路德维希一直仰慕凡尔赛宫，并在林德霍夫宫复制了其独有的特征——镜厅。

他安静地走了，太安静了，以至于让冯·古登以为他已经控制住了他的王家病人。接下来，路德维希开始心烦意乱，一些工人被雇佣来准备为城堡的窗户安装铁条，他们发出了刺耳的锤击声。路德维希早上与冯·古登医生一起散步，设法避开了噪音，但当他看到一名警察走在他面前时，他很快又变得焦躁不安了。

法医在对尸体进行检查时，发现冯·古登被打得很惨，显然是经历了一场生死搏斗……相比之下，路德维希身上没有任何伤痕。

在这个时候，除了这两次短暂的紧张情况之外，路德维希国王三天来一直保持着平静的状态。冯·古登认为这是一个有希望好转的迹象，并认为在他们下次散步时，让警卫不用一直跟着也是比较安全的。1886年6月13日晚的晚餐后，国王和冯·古登再次出发，但是这一次他们再也没有回来，也没有人再看到他们活着回来。这位患有疯病的国王所表现出来的异乎寻常的平静只是一个幌子，路德维希的目的是在自杀之前让冯·古登独自一人和他散步，并将其杀死。

后来，人们发现，这很明显是路德维希早就计划好的。法医在对尸体进行检查时，发现冯·古登被打得很惨，显然是经历了一场生死搏斗。他的右眼被打得发青；鼻子和额头上有深深的抓痕；他右手的一个手指上的指甲被扯掉了。相比之下，路德维希身上没有任何伤痕。

第二天晚上，即6月14日，路德维希的遗体被运回慕尼黑，他身穿奢华的长袍，身边放着一把剑。这位前国王在装满鲜花的棺材里整整躺了3天，鲜花小心地围绕着他的头部摆放，以掩盖对他进行尸检的外科医生的工作痕迹。1886年6月17日，路德维希以国家最高规格入葬。

一个疯子继任了另一个疯子

被监禁在慕尼黑附近的王家弗斯滕里德城堡（Schloss Fürstenried）的奥托王子，成了国王。他可能从来都不知道自己已经登上了维特尔斯巴赫的王位。当然，他从未真正统治过巴伐利亚。奥托国王于1916年去世，也就是卢伊特波尔德王子去世四年后，他为侄子们摄政了26年。他的儿子路德维希·利奥波德王子继承了摄政王的职位。

　　对于维特尔斯巴赫家族来说，他们永远不知道这个家族的疯病接下来会在什么时候发作，也不知道它会对未来的受害者造成什么影响，这是一个他们都无法逃避的创伤局面。古怪、不正常的行为，甚至疯病本身都是一回事，但对于路德维希二世来说，这个出了名的不稳定的家族遗传疾病不仅给他带来了这些痛苦，而且还使他产生了自杀和谋杀的想法。难怪当卢伊特波尔德王子在听到路德维希的去世和另一位疯子奥托王子继任国王的消息时，他会泪流满面，痛哭流涕。

上图：1886年，路德维希的疯弟弟奥托一世继承了他的王位，他在11年前就被宣布患有精神病。他在整个27年的统治期间都是在监禁和医疗监督下度过的。

梅耶林悲剧

1889年1月30日清晨，奥匈帝国的皇储鲁道夫和他年轻的情妇玛丽·维瑟拉（Maria Vetsera）女男爵被发现死于距离维也纳15公里的梅耶林（Mayerling）皇家狩猎别墅。两人都是中枪身亡。显然玛丽是先死的，她躺在皇储卧室的床上，身上覆盖着玫瑰花。在杀死她之后，鲁道夫似乎向自己的头部开了一枪，打碎了他的头骨。

左图：鲁道夫皇储是一个自由主义者，却注定要继承与他的信仰截然相反的君主专制制度。
上图：玛丽·维瑟拉女男爵是一个充满幻想的女孩，她被迷人的皇储迷住了，并且陷入了一段致命的浪漫爱情。

鲁道夫根本不是他表面上那个耀眼的白马王子。作为弗朗茨·约瑟夫和伊丽莎白的独生子，他继承了太多他母亲的忧郁天性，却没怎么继承他父亲稳重的性格。

梅耶林悲剧引起了巨大反响。皇储的父亲弗朗茨·约瑟夫一世皇帝听到这个消息后崩溃了。皇储的母亲伊丽莎白皇后则悲痛欲绝。悲伤的人群聚集在维也纳的街道上，远远超出了警察的控制能力，政府不得不调用军队。在恢复平静之前，有一个人死亡，还有几个人受伤。

此后留下的是一个谜——一个似乎没有人能够解开的谜。为什么一个长相英俊、受人欢迎的皇储，欧洲最有权势的皇位继承人之一，一个拥有魅力、智慧、美貌和才华的

上图：从表面上看，英俊、迷人的鲁道夫皇储似乎是一名理想的白马王子，也是久负盛名的奥匈帝国皇位当之无愧的继承人。

人，竟然在30岁时以如此阴郁和诡秘的方式结束了自己的生命呢？

然而，鲁道夫根本不是他表面上那个耀眼的白马王子。作为弗朗茨·约瑟夫和伊丽莎白的独生子，他继承了太多他母亲的忧郁天性，却没怎么继承他父亲稳重的性格。雪上加霜的是他悲惨的婚姻和时常孤立无援的感觉，这位悲剧的皇子在外界看来拥有一切，但在他自己心中却是一无所有。

进步的思想

首先，在高高在上的皇家环境中，他的进步思想是没有任何发展空间的。作为一个有自由开明思想的皇储，鲁道夫更适合做一个立宪君主，而不是一个专制君主，他的脑子里充满了关于改善普通人的命运和以仁慈的方式进行统治等这些令人振奋的理想。

他的想法在他与莫里茨·塞普斯（Moritz Szeps）的友谊中得到了一些体现，但鲁道夫的思想没有付诸行动。莫里茨·塞普斯是一名记者，编辑了一份激进的报

奥匈帝国皇帝弗朗茨·约瑟夫一世对他的臣民拥有绝对的权力，并期望他的继承人鲁道夫能以同样的方式继续下去。

上图：自由派记者莫里茨·塞普斯将特立独行的鲁道夫视为一个伟大的"战利品"，因为他努力推动旨在改变奥匈帝国的激进思想。

纸维也纳《晨报》（*Morgenpost*）。鲁道夫匿名向维也纳《晨报》投了几篇文章，塞普斯自然而然地将皇储视为自由主义事业的一个伟大"战利品"。皇室内部的另一个特立独行者，鲁道夫的堂亲、托斯卡纳的约翰·萨尔瓦托（John Salvator of Tuscany）大公也是如此。约翰·萨尔瓦托的激进观点远远超过了鲁道夫，他认为一个人可以放弃自己的头衔，放弃自己的特权，和自由选择的妻子过上平民的生活。

事实上，这正是约翰·萨尔瓦托在鲁道夫死后所做的事情。到1888年，约翰·萨尔瓦托已经找到了他想要的妻子——一个叫米莉·斯图贝尔（Milli Stubel）的中产阶级女孩。如果他想让她成为大公夫人，皇室绝对不会接受她。事实证明，约翰·萨尔瓦托还大胆地公开批评皇帝、他的政府和军队，为此，弗朗茨·约瑟夫禁止他进入宫廷。这一禁令也破坏了鲁道夫和约翰·萨尔瓦托之间的亲密友谊，毫不奇怪，皇室认为约翰·萨尔瓦托对年轻的皇储有破坏性的影响。

尽管如此，鲁道夫还是想方设法与他的堂亲秘密见面，并与他讨论当时著名的自由主义思想家的观点。这些接触是他们的地下生活，在这种生活中，鲁道夫可以在一定程度上发表自己根深蒂固的政治信仰。但是，让他感到难过的是，这些接触必须是秘密进行的，而且还必须要有一个冠冕堂皇的理由。对于大公和莫里茨·塞普斯来说，奥匈帝国皇位的继承人不能仅仅是他们的同道中人，更应是他们实现自身改革目标的一种手段。

强制实施的控制

约翰·萨尔瓦托当然希望当鲁道夫最终成为皇帝时，自己在国家事务中大展身手，而塞普斯如果没有高层人士的支持，就没有希望使激进主义成为现实。即便如此，当自由主义者们以民主的形象重塑一个君主专制的世界时，鲁道夫、约翰·萨

上图：比利时国王利奥波德二世的女儿、比利时女王储斯蒂芬妮在1881年嫁给了皇储鲁道夫，当时鲁道夫迫于家庭的压力，娶了这位妻子，履行了自己的职责。

尔瓦托和塞普斯都面临着一个巨大的障碍：鲁道夫将要继承的皇位是古老的、根基牢固的、极其强大的。在弗朗茨·约瑟夫的领导下，奥匈帝国的皇权掌握在具有压迫性的人手中。他们心目中的政府就是用武力和恐惧残酷镇压一切动乱，实行控制。对这些人来说，自由主义者是蚕食绝对皇权的毒瘤。尽管如此，皇帝还是很清楚他和鲁道夫之间的分歧有多大，为了家庭和睦，他们两人从不讨论政治。

即便如此，弗朗茨·约瑟夫相信，他可以控制住他桀骜不驯的继承人。他拒绝让鲁道夫参与国家事务，理由是他不了解国际事务，没有影响力。他还为鲁道夫找了个"合适"的妻子，想在家里也控制住他，这个妻子就是比利时国王利奥波德二世的女儿——没有什么魅力但却值得尊敬的斯蒂芬妮公主（Princess Stephanie）。这场婚礼在1881年举行。

事实上，这段婚姻很快就被证明是不幸福的，但这一点并不重要。一个已婚的皇子在生活中有一些肤浅的风流韵事——这几乎是意料之中的事——比一个未婚的继承人更不容易受到外界的影响。没有妻子，鲁道夫也不太符合社会对皇室的要求。皇室对礼节的要求很古板，要求皇室成员严格地遵循先例，并以对中欧君主们的傲慢心性无条件顺从为标志。

宫廷只允许至少有四代贵族谱系的人进入，这在很大程度导致了宫廷气氛的沉闷。事实上，高傲的斯蒂芬妮公主比她丈夫更适合这样的环境。鲁道夫觉得这简直令人窒息，但他表现得还算不错。在宫廷里，他的举止和礼节是无可挑剔的。皇帝自然希望他的儿子能为皇位提供更多的男性继承人，鲁道夫和斯蒂芬妮的第一个孩子出生在1883年，是一个女儿，皇室希望他们以后会有儿子，从而巩固哈布斯堡王朝皇室的权力。结果，没有儿子出生，甚至令人怀疑的是，皇储和他的妻子在1883年之后是否有持续的婚姻生活——如果真的存在的话。

下图：斯蒂芬妮和鲁道夫并不般配。傲慢、喜怒无常、要求苛刻的斯蒂芬妮既不能理解也无法应对鲁道夫的忧郁性格。

这并不奇怪，因为斯蒂芬妮脾气暴躁、喜怒无常、嫉妒心强、爱捣乱，而且对她的丈夫有没完没了的要求。斯蒂芬妮对鲁道夫周期性的抑郁情绪尤其恼火，这是他的挫折感和他内心坚持的自由主义信念所产生的必然结果，因为他认为自己在一个没有未来的空洞世界里浪费自己，当然也没有自由的

鲁道夫和斯蒂芬妮的第一个孩子出生于1883年，是一个女儿，皇室希望他们以后会有儿子，从而巩固哈布斯堡王朝皇室的权力。

未来。就像他的母亲伊丽莎白一样，他也被一种严重的忧郁症困扰着，当他心情不好的时候，他还会有一种可怕的自我厌恶感。斯蒂芬妮头脑太迟钝，缺乏想象力，不明白问题出在哪里，而鲁道夫的忧郁情绪和她的坏脾气很快就造成了他们之间永久性的裂痕。

外表的裂缝

维也纳那些勤于八卦的人很快意识到这对皇室夫妇的长期不合，并从鲁道夫经常不在奥地利首都这一点发现了他们夫妻不合的明显证据。他离开的频率远远超过了他在礼节上的职责，也远远超过了他作为一名军官的职责。而且造谣者确信，虽然鲁道夫不太可能在每个港口都有一个女孩，但他的情人在各政区比比皆是。不幸的是，斯蒂芬妮也同样肯定，而且，与当时的许多皇室妻子不同，她没有选择识趣地对她丈夫的风流行为视而不见。她也没有意识到，在这个阶段她不必担心什么，因为鲁道夫的外遇通常都是短暂的，与其说它们是认真寻求的关系，不如说它们是短暂的、转瞬即逝的。1888年秋天，她在宫廷里制造了骚乱，当她的丈夫正在拜访漂亮的波兰伯爵夫人切维卡（Countess Czewucka）时，她在维也纳的房子外大吵大闹，公开闹事。伯爵夫人只不过是鲁道夫最新的调情者——她有几十个追求者——但斯蒂芬妮的行为泄露出了很多秘密。大家都知道，在皇室圈子里，无论幕后发生了什么，面子工程都必须做好。无论这种态度多么虚伪，斯蒂芬妮打破了这个惯例，揭露了一桩丑闻：在当时的社会风气中，这使她比她那犯错的丈夫受到了更多的谴责。

被激怒的弗朗茨·约瑟夫试图掩盖这一丑闻，但它很快就越过了宫廷圈子的边界，成为维也纳和其他地方的热门话题。他们的当务之急是要公开表现出和睦。此后不久，就发生了这样一件事，鲁道夫和斯蒂芬妮都以最好的表现出席了一个盛大

大家都知道，在皇室圈子里，无论幕后发生了什么，面子工程都必须做好……斯蒂芬妮都打破了这个惯例，揭露了一桩丑闻……这使她比她那犯错的丈夫受到了更多的谴责。

右图：玛丽·维瑟拉在认识鲁道夫并成为他的情妇之前，就已经迷恋上了他。她对他充满幻想，认为他不仅是"白马王子"，而且是骑士精神和所有崇高美德的化身。

的舞会。维也纳的所有贵族们都在那里看到皇室的"面子"得到了恢复，这种贵族们衣着华丽、食物丰盛的场合，是维也纳令人眼花缭乱的盛会，也通常是贵族的社交场合。

　　毕竟，这是一个华尔兹时代的维也纳，一个以施特劳斯家族轻快的音乐为主旋律的、传奇的欢乐之城。当鲁道夫的情绪从抑郁和自我折磨中转换过来时，他就成为这个快乐世界的一部分。他性格的另一面是积极阳光，喜爱交际。他非常喜欢剧院、社交聚会、沙龙、赛马大会、音乐会或在普拉特（Prater）骑马。普拉特是维也纳的休闲中心，富豪们在这里游玩，目的是欣赏和炫耀。

一个女孩的迷恋

能一睹皇储的风采，或者更好的是，能得到皇储的认可，是每一个有社会抱负的维也纳人的梦想。他们中的许多人就是为了这个目的才去的普拉特。其中一位是16岁的玛丽·维瑟拉女男爵，她是一位匈牙利小贵族的女儿。像16岁的孩子一样，玛丽1888年4月在维也纳的赛马场上看到鲁道夫后，对他产生了强烈的迷恋。鲁道夫则被玛丽的美貌深深打动，他盯着她看了几秒钟。

这足以让这个易受影响的年轻女孩为之倾倒。玛丽有无数的追求者，常常会引起男性的强烈兴趣，但从那一刻起，除了皇储她什么也不想。对她来说，他是一个闪耀的骑士，具有一切骑士的美德，是一个十全十美的理想男人。

在这个早期阶段，玛丽只想从远处欣赏皇储。像任何一个狂热的"粉丝"一样，她向她的朋友打听有关他的小道消息，关注他在宫廷里的动向，唠叨她的母亲带她去剧院或普拉特，希望能看到她的偶像，从而点燃她的激情。

玛丽知道，她永远也不可能被正式地介绍给鲁道夫认识。虽然她的母亲与皇帝和皇后都很熟识，但她没有值得夸耀的血统，以使自己能够被介绍到宫廷。"偶遇"是一个更可靠的赌注，而且，随着时间的推移，玛丽的坚持真的得到了回报。1888年5月初，威廉·莎士比亚的《哈姆雷特》（Hamlet）在维也纳的伯格剧院举行了一场盛大的演出，玛丽发现皇储也会到场。玛丽说服她的母亲陪她一起去——因为她所在阶层的女孩在没有监护人的情况下是不允许外出的——在话剧的第一个幕间休息时，她在那里第一次与她的偶像面对面见到了。

鲁道夫的目光里流露出明显的赞赏之情，随之而来的是一个让玛丽脸红心跳的笑容。她尴尬地逃到附近的一个小房间里。当天晚上晚些时候，玛丽再次吸引了皇储的目光。几天后，当她乘坐母亲的马车在普拉特漫步时，她又一次看到了他。当他骑马经过时，他显然很感兴趣地打量着她，在回家的路上，他再次骑马经过，又仔细打量了她一番。

玛丽此时无可救药地爱上了鲁道夫，但就他而言，她并不是有什么私心的。她唯一想要的就是爱慕皇储，并在梦中想着他。虽然鲁道夫还不知道，但他遇到了唯一一个除了与他相伴之外别无所求的人。玛丽就这样天真地度过了几个月，直到1888年9月，她有了一个更近距离地认识他的机会。

更进一步的浪漫

一天早晨，玛丽的母亲购物归来，和一位朋友拉里什伯爵夫人（Countess Larisch）一起回家，她是鲁道夫的表姐。这位伯爵夫人自然从小就认识皇储，玛丽不失时机地向来访的客人打听有关他的细节。拉里什伯爵夫人，这个四十岁左右的精明女人，没过多久就意识到玛丽的热情有多深，并抓住机会让鲁道夫知道了他如何不知不觉地就征服了一个女孩。

鲁道夫很感兴趣，想知道他这位仰慕者的名字，一听这话，他立刻想起了在这个季节的早些时候引起他注意的那个可爱的黑头发、冰蓝色眼睛的小女孩。后来伯爵夫人给玛丽带来了鲁道夫的问候信息，玛丽高兴得几乎要发狂了。即便如此，她似乎还没有想到下一步：与皇储真正见面。相反，玛丽回到了她以前的"偶遇"策略。

上图：鲁道夫皇储（左）坐在一辆敞篷马车上，他身上盖着毯子以抵御严冬。

RUDOLF, KRONPRINZ VON OESTERREICH u. UNGARN

上图：皇储鲁道夫身穿军装，佩戴着勋章。一般来说，画皇家人物的艺术家都会美化他们，但在这幅画中，鲁道夫显得像真实的样子——焦虑、紧张和闷闷不乐。

在普拉特大街上行驶时，他不仅注意到了她，还明显地向她微微鞠了一躬。

然而，当他们相遇的时候，鲁道夫表现得比玛丽所希望的更积极主动。在普拉特大街上行驶时，他不仅注意到了她，还明显地向她微微鞠了一躬。几天后，到了10月21日，玛丽收到了一封信，信中讲述了她梦寐以求的一切，甚至更多。在信中，鲁道夫邀请她第二天在普拉特见面。他在信中说，他已经仰慕她很久了，现在是认识她的时候了。

玛丽的回信中告诉皇储的东西比实际说的多得多。她告诉他，她不能来普拉特，因为她没有监护人。对鲁道夫来说，这是很新鲜的事情。他已经习惯了那些成熟的女人，她们公然接近他，而且她们对他的关心远远不及对她们通过认识他而获得的地位的关心。然而，这里有一个女孩，她有着如此纯洁的礼节感，只有在有人陪同的情况下，她才会去见皇位继承人。她令人耳目一新，甚至是令人吃惊，而且她是在鲁道夫非常需要分散注意力的时候出现的。

最近，皇储收到了一些非常令人不安的消息。他的堂亲约翰·萨尔瓦托并不满足于仅仅谈论自由主义理论。他正在策划一场革命，推翻鲁道夫的父亲。约翰甚至为发动政变在奥地利军队中寻求到了支持。鲁道夫把对父亲的忠诚放在首位，而没有在乎他们之间的政治分歧，他感到既震惊又难过。关于革命的消息使他失去了唯一的朋友，因为约翰·萨尔瓦托一直是他可以坦率交谈的人。现在，鲁道夫开始怀疑自己信仰的力量了。他不能考虑背叛他的父亲，但如果他只满足于纸上谈兵，而不采取行动，他就觉得他的理想一定是非常肤浅的。

爱的解药

帝国的间谍无处不在，鲁道夫担心他们会发现约翰·萨尔瓦托的计划，然后自己可能会被牵连。无论如何，他开始感到有压力，因为他大部分时间都在宫廷里与反动的蠢人打交道，还要处理奥匈帝国这个庞大官僚机构的琐事。这种压力显而易见。皇帝看到儿子苍白的脸色和憔悴的样子，十分惊慌，于是让御医给他做检查。御医诊断出今天可能被称为"行政压力"的症状，建议鲁道夫放松和休息。鲁道夫的负担使他无法做到这一点，但年轻、天真，甚至像孩子一样的玛丽·维瑟拉可能是下一个最好的选择。

鲁道夫一收到玛丽的回信，就给拉里什伯爵夫人写信，要求她立即返回维也纳，把他介绍给玛丽。拉里什匆匆赶回首都，很快就完成了召她来执行的任务。在伯爵夫人的陪同下，玛丽·维瑟拉来到了维也纳的霍夫堡皇宫（Hofburg），与她的偶像面对面交谈。他们两人似乎都在对方身上找到了自己想要的东西。

在玛丽星光熠熠的目光中，皇储比她想象的还要英俊，还要有礼貌。对于鲁道夫来说，玛丽带给他喜悦，她的青春阳光、显而易见的真诚和谦虚的魅力是一个奇迹。最重要的是，她没有被鲁道夫被迫居住的肮脏的政治世界所玷污，也没有被乏味的社交活动所玷污，而在此之前，这也是他唯一的选择。鲁道夫当时很容易受到影响，心灰意冷、厌世的鲁道夫疯狂地爱上了她，并很快计划与他那脾气暴躁的妻子离婚，娶玛丽为妻。鲁道夫很清楚，他和玛丽每次见面都会被宫廷密探跟踪，尽管他知道这意味着他们的关系很快就会传到皇帝的耳朵里，但他已经变得鲁莽到不在乎了。他所关心的只有玛丽以及没有她他就活不下去的事实。

1889年1月13日，鲁道夫和玛丽·维瑟拉成为恋人。皇储沉浸在这段恋情中。这是他第一次认真投入的恋情。为了纪念这一事件，他送给了玛丽一枚刻有日期的戒指。很快，一个猛烈的冲击就降临到了现实中。1月26日，皇帝拿到了教皇利奥十三世（Leo XIII）的一封信，信中透露鲁道夫曾直接写信给教皇，请求他允许解除与斯蒂芬妮的婚姻关系。这样直接的接触是违反礼节的，鲁道夫与玛丽的关系促使了他的这一请求，这将是一个严重的问题。不管这段婚姻多么不幸福，和斯蒂芬妮离婚是不可能的。奥匈帝国的稳定依赖于一个"和谐"的皇室，他们不被允许离婚。

无路可走

这时，鲁道夫才意识到他父亲对他的控制力有多大，而他反抗父亲的勇气又有多小。弗朗茨·约瑟夫把儿子叫到面前，要求鲁道夫答应他把玛丽送走。皇储垂头丧气地答应了，只要求再见她一面。皇帝得到了他想要的东西，所以就同意了，但他没有意识到他的儿子在离开他的时候是多么的羞愧和绝望。

上图：这是鲁道夫和玛丽·维瑟拉的尸体在梅耶林被发现时的一幅戏剧化的画面。事实上，鲁道夫被发现时是死在床上的，而不是靠在椅子上。

上图：梅耶林的皇家狩猎小屋是鲁道夫和玛丽·维瑟拉自杀的地方，它坐落在维也纳郊外的一个田园诗般的环境中。

自杀协议

两天后，鲁道夫离开维也纳前往梅耶林，表面上是为了在隆冬时节到周围的森林里打猎。玛丽·维瑟拉和他在一起。1月29日下午，他们两个人在森林里走了很久，鲁道夫在那儿似乎提出了一个自杀协议。对他来说，这是摆脱他眼中毫无意义生活的唯一方式。

痴迷于他的玛丽·维瑟拉同意了。很可能，她对死亡没有现实的概念。毫无疑问，她只想到自己和鲁道夫在死后会神秘地永远结合在一起。那天晚上，他们俩都给自己的母亲写了信。鲁道夫请求伊丽莎白皇后把他和玛丽葬在附近的一个小公墓里。这一请求后来没有得到批准。

做完这些，鲁道夫就从里面闩上了卧室的门。大约在黎明时分，当玛丽睡着时，他从抽屉里拿出左轮手枪，向她的左耳后开了一枪。射程距离较近，她当场死亡。鲁道夫的男仆洛斯切克（Loschek）听到了这个声音。他从床上跳下来，沿着走廊冲向他主人的房间。当他赶到门口时，第二声枪响了。他还是来晚了。

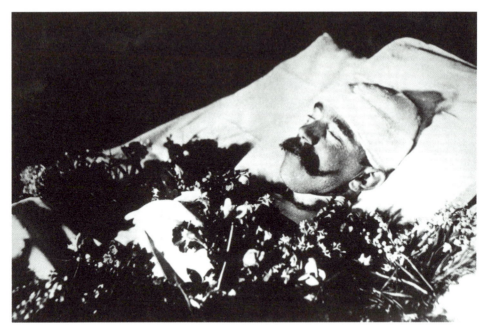

上图：鲁道夫的遗体静静地躺在那里，他的头部用绷带遮盖了一部分，以掩盖尸检时的切口。

梵蒂冈的掩饰

在19世纪，自杀在天主教会看来是一种罪恶。因此，皇室家族打算掩盖鲁道夫死亡的真实情况。官方给出的第一个鲁道夫死亡的原因是心力衰竭，然后流传开来的一个报道是，他是被害怕他的自由主义影响的保守派分子杀害的。接着，梵蒂冈发表声明说鲁道夫死时精神不正常。没有人真正相信这些解释，皇室最终不得不承认了事实：皇储鲁道夫和玛丽·维瑟拉两人是相约一起自杀的。

右图：尽管鲁道夫要求将他和玛丽·维瑟拉葬在一起，但后者还是被埋在下奥地利（Lower Austria）的海利根克雷乌斯（Heiligenkreuz）的墓地里。

　　不过，这并不是故事的结局。甚至在鲁道夫和玛丽·维瑟拉的死亡真相被迫宣布之前，阴谋论就已经涌现并不断扩散。阴谋论永远不会消失，官方的声明，无论是掩饰还是事实，对关于梅耶林狩猎小屋和在那里发生的悲惨事件的许多解释都没有丝毫影响。

上图：鲁道夫皇储的葬礼在维也纳举行，他被安葬在嘉布遣会 ① 教堂下面为皇室预留的墓穴里。

---

① 天主教方济各会的一支。——译者注

墨西哥皇帝马克西米利安一世

马克西米利安大公（1832—1867）是奥匈帝国皇帝弗朗茨·约瑟夫的弟弟，在法国皇帝拿破仑三世于1863年的阴谋^①中成为"替罪羊"。拿破仑的目的是让马克西米利安收回墨西哥政府欠法国的钱。拿破仑在墨西哥的盟友——天主教会和一群富有的地主，也被墨西哥的自由派总统贝尼托·华雷斯（Benito Juarez）剥夺了他们的土地、现金和特权。他们也想要回他们的钱。在弗朗茨·约瑟夫的勉强同意下，地主们把马克西米利安扶上墨西哥皇位。到目前为止，情况还不错，但有一个问题。马克西米利安是一个天真的、充满幻想的理想主义者，他满脑子都是乌托邦式的概念，想要消除贫困、肮脏和疾病——这些都使墨西哥和世界各地数以百万计的弱势人群的生活遭到破坏。

心高气傲的窝囊废

马克西米利安于1864年抵达他的"帝国"，随行的还有一支庞大的法国军队和他的妻子、比利时国王利奥波德一世的女儿夏洛特。夏洛特也爱胡思乱想，对她来说，马克西米利安是一位天使，他的命运是为人类服务和鼓舞人类。但对他的赞助人拿破仑三世和弗朗茨·约瑟夫来说，马克西米利安是一个心高气傲的窝囊废，从一开始就只会制造麻烦。他拒绝恢复教会的财产和特权，理由是教会属于人民。因为同样的原因，马克西米利安拒绝让土地所有者收回他们失去的地产和庄园。

接下来，马克西米利安继续推行乌托邦式的计划，比如为墨西哥建造国家剧院和建立世界海军。他在墨西哥城的街道上走来走去，只带了很少的护卫，与路人进行友好的交谈。显而易见，他非常真诚，甚至贝尼托·华雷斯和他的支持者都很难不喜欢他。

---

① 1863年，拿破仑在墨西哥保守派的支持下，将哈布斯堡家族的马克西米利安大公扶上墨西哥皇位，建立墨西哥第二帝国。——译者注

上图：马克西米利安，奥匈帝国皇帝弗朗茨·约瑟夫的弟弟，是一个充满幻想的理想主义者。

这并不意味着华雷斯赞同马克西米利安的掌权。很典型的一件事是，马克西米利安在知道了华雷斯的敌意后，邀请他到墨西哥城，想让这位墨西哥领导人在他的政府中拥有一席之地。华雷斯当然拒绝了。混乱随之而来，成群结队的土匪，其中一些是华雷斯的支持者，让夜晚和道路变得更加危险了。华雷斯和他的军队仍然逍遥法外，等待着机会与外国侵略者作战，并且击败他们。随后美国人介入了，要求法国人离开墨西哥，并将马克西米利安带走。马克西米利安一开始拒绝了，但随着美国人施加的压力增加，他开始动摇了。

夏洛特拒绝听马克西米利安说放弃，乘船驶向欧洲寻求帮助。她于1866年8月抵达，但很快发现没有人想知道她来了。拿破仑三世在法国东部边境面临着来自德国的新压力，他需要他的军队驻守国内。为此，他愿意放弃马克西米利安。一直以来情绪都不太稳定的夏洛特终于在恐惧、失败和压力下崩溃了。当马克西米利安得知她的情况后，他的第一个念头就是要和她在一起。他的第二个想法是留在墨西哥，他认为抛弃他的臣民是懦弱和不光彩的。他的哥哥也极力劝他放弃王位。

光荣的殉道

到1867年1月，法国军队已从墨西哥撤退，贝尼托·华雷斯的军队正向墨西哥城扫荡式进发。马克西米利安仍然拒绝仓皇逃跑。他最多愿意前往墨西哥城西北部的克雷塔罗（Queretaro）。当华雷斯的军队到达并逮捕他时，他还在那里。墨西哥人不愿处决他，因为他的高贵令人不安，于是试图说服他逃跑。然而，马克西米利安再次拒绝了。他似乎有意将殉道作为唯一光荣的出路。墨西哥人所能做的就是顺从他的心愿。

1867年6月19日，马克西米利安从克雷塔罗被押往附近的贝尔山（Hill of Bells）。一个行刑队在等着他。马克西米利安深深地吸了一口山上的冰爽空气，说："多么美好的一天啊！我一直想在这样的一天死去。"几秒钟后，他就死了。

这个消息在10天后才传到欧洲。9个月后，夏洛特的家人才敢告诉她发生了什么。她比她的丈夫多活了60年。在这60年里，她经常喃喃自语，凝视着马克西米利安的照片，或者在愤怒中砸碎任何易碎的东西，撕毁地毯、窗帘和室内装饰品。她于1927年去世，当时她已然精神失常，无药可救。

右图：法国艺术家爱德华·马奈（Edouard Manet）创作了四幅绘画和一幅平版印刷画，描绘了马克西米利安在1867年6月19日被行刑队处决的情景。

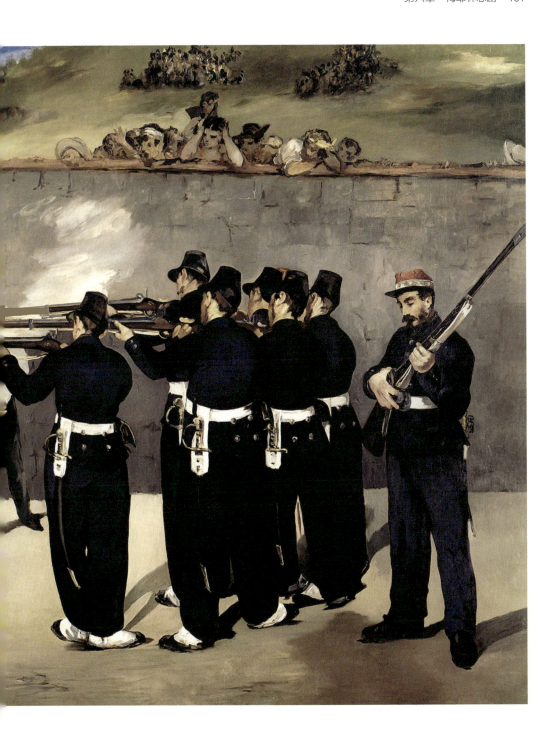

西班牙王室的疯病

卡斯蒂利亚女王胡安娜一世（Juana I，1479—1555）的疯病表现为多种形式。有时她蹲在房间的地板上，一动不动。有时，她会退到角落里，目光呆滞，好像试图融进墙壁，以逃离只有她能看到的恶魔。如果她吃饭时有人看着她，她就拒绝进食。相反，她的食物只能放在门外。然后她飞快地跑出去，抓起盘子，退回到她的房间。当她吃完之后，她小心翼翼地把盘子藏在床底下，或把它扔到墙上，疯狂地笑着。

左图：胡安娜在她的哥哥胡安（Juan）和姐姐伊莎贝拉（Isabella）去世后继承了她母亲的王位。

上图：胡安娜女王是其外祖母带入西班牙王室的疯癫症的第一个受害者。

胡安娜可怕的精神状态源于她的外祖母——葡萄牙的伊莎贝尔（Isabel of Portugal），1447年后，伊莎贝尔成为西班牙中北部卡斯蒂利亚国王胡安二世（Juan II）的第二任妻子，她将精神错乱的疾病带入了西班牙王室。1451年，她的女儿伊莎贝拉，也就是后来的卡斯蒂利亚女王的出生加剧了她天生忧郁的性格。此后，葡萄牙的伊莎贝尔把自己关起来，连续几个小时坐着凝视远方。后来，她开始歇斯底里地发脾气，1452年，她的女儿从她身边被带走了，送到阿维拉（Avila）的一个修道院，由修女们照顾。这时伊莎贝尔的病情已经恶化了一段时间。她的忧郁症变成了全面的精神错乱，没过多久，她就认不出任何人了。她甚至不知道自己是谁。

> 胡安娜是个聪明可爱的孩子，并且精通多种语言。她可以用流利的拉丁语与教士交谈，还可以熟练地弹奏古钢琴和吉他。但是，她的外在天赋掩盖了她反复无常的情绪和对独处的渴望。

1520年，当伊莎贝尔的外孙女胡安娜也陷入同样难以自控的疯病时，她早已是名义上的女王。西班牙及其金银丰富的帝国的真正统治者是胡安娜的儿子查理（Charles）。胡安娜出生于1479年，是卡斯蒂利亚女王伊莎贝拉一世（Isabella I）和阿拉贡国王费尔南多二世（Fernando II）的第三个孩子，在她的姐姐，另一个伊莎贝拉于1498年死于分娩后，她成了父母的继承人。胡安娜似乎是她所处的崇高地位的理想人选。她是个聪明可爱的孩子，并且精通多种语言。像所有骄傲的父母一样，费尔南多和伊莎贝拉在宫廷里炫耀她，她可以用流利的拉丁语与教士交谈，还可以熟练地弹奏古钢琴和吉他。但是，她的外在天赋掩盖了她反复无常的情绪和对独处的渴望。一会儿，她平静而庄重；一会儿，她又兴奋起来。

一场包办婚姻

像大多数欧洲公主一样，胡安娜的婚姻也是包办的。她父母为她挑选的年轻人——勃艮第公爵和佛兰德斯伯爵腓力（Philip），是他的父亲神圣罗马帝国皇帝、奥地利的马克西米利安（Maximilian of Austria）的继承人——拥有欧洲所有王子中最耀眼的前景。后来，事实证明，腓力是个灾难性的选择，但当这对夫妇在1489年订婚时，一切对他们来说都还是遥远的未知。当时腓力11岁，胡安娜不到10岁。1496年举行了一场代理婚礼，当时已经16岁的胡安娜在一支庞大的船队的

上图：这幅作品来自胡安娜女王祈祷书的插图，图中展示了她（中间）与她的父母，阿拉贡国王费尔南多（左）和卡斯蒂利亚女王伊莎贝拉（右）。

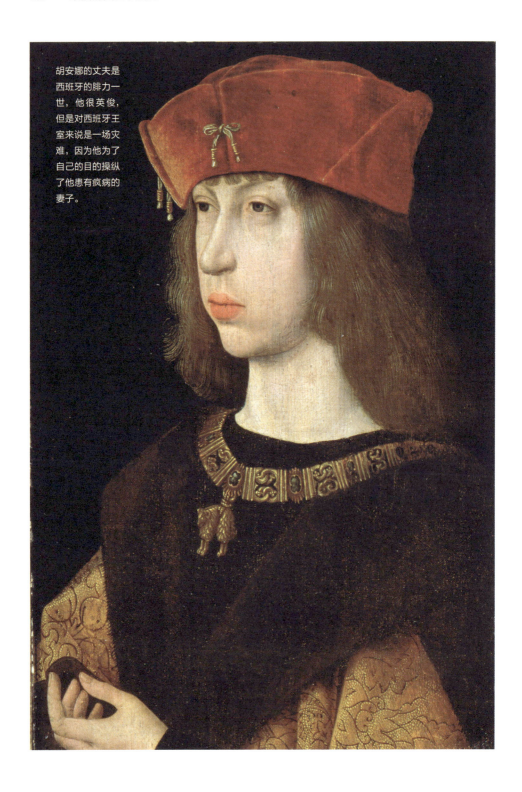

胡安娜的丈夫是西班牙的腓力一世，他很英俊，但是对西班牙王室来说是一场灾难，因为他为了自己的目的操纵了他患有疯病的妻子。

陪同下前往佛兰德斯，据说船队的数量达到了130艘。在经历了一次暴风雨般的艰难旅程后，饱受晕船和严重感冒之苦的胡安娜在佛兰德斯下船。

不过，至少她受到的欢迎是热情的，胡安娜进入安特卫普是一种胜利。她身着金光闪闪的衣服，骑着马穿过装饰着鲜花拱门的街道，人群中回荡着对她的问候和歌声。1个月后，也就是1496年10月19日，胡安娜和她的随行人员抵达了现在位于比利时的利耶尔。在那里她第一次见到了腓力。他们对彼此的印象是激动人心的。胡安娜以前从未见过腓力，但她第一次见到腓力，就证实了她所听说过的有关腓力的种种令人激动的故事。当年腓力18岁，金发碧眼，英俊潇洒。胡安娜看到他健壮的体格、修长的双腿和那种孩子气的热情，一下子就爱上了他。但这不仅仅是爱。这是一见钟情，而且是相互的。

当年腓力18岁，金发碧眼，英俊潇洒。胡安娜看到他健壮的体格、修长的双腿和那种孩子气的热情，一下子就爱上了他。

盲目地迷恋

他们有一些烦琐的官方仪式要进行，要迎接尊贵的人物，还要接见贵族。不过，这些琐事一结束，胡安娜和腓力就留住了最近的教士——哈恩教区的教长（Dean of Jaen），并命令他把他们的代理婚姻再往前推一步，为他们当场举行婚礼。仓促的婚礼仪式还没有结束，这对夫妇就消失在酒店的一个房间里。第二天，一场庄严的教堂婚礼正式完成了这场已经圆房的婚姻。

胡安娜对腓力一往情深，这种魔力从来没有消失过。为了庆祝这场婚礼，她举行了各种各样的庆祝活动，其中包括一场全面的锦标赛，她在迷迷糊糊中对这个美丽的少年产生了欲望，而王室婚姻的命运也出乎她的意料。起初，腓力似乎也被这种饥渴所吸引。但这一切都掩盖了一个事实，那就是腓力和胡安娜是性格完全对立的两个人。对腓力来说，这种吸引只是肉体上的，仅此而已。然而，胡安娜想要完全占有腓力——没有情妇，没有分开的生活，只有绝对地在一起。她太年轻了，而且完全被自己对腓力的热情所吞噬，没有意识到腓力永远无法满足她的要求。

早在遇到胡安娜之前，佛兰德斯的腓力就可以非常老练地点燃年轻女子的激情，而且至少已经有了一个私生子可以证明这一点。佛兰德斯的社会崇尚强烈的享乐主义，鼓励滥交。几乎所有的肉体享受都得到了宽恕。婚外情很普遍，出生登记册上满是私生子。在这种环境下，腓力认为没有理由让婚姻妨碍他自由自在的生活方式，也没有理由限制他个人的发展，这一点儿也不足为奇。

崛起的野心

1498年，腓力公然挑战西班牙王室，冒犯了他的西班牙姻亲。他宣布自己是卡斯蒂利亚和阿拉贡王位的下一个继承人。这一说法没有任何法律依据。费尔南多和伊莎贝拉对腓力猖狂的野心感到震惊，他们避开了他，于1499年说服西班牙国家会议批准他们的外孙米格尔（Miguel，已故的长女伊莎贝拉5个月大的儿子）为王位继承人。当然，这意味着他取代了胡安娜和腓力的地位。

腓力并没有受挫很久。1500年，小米格尔去世，胡安娜再次被任命为她父母的继承人。现在，法律是站在腓力一边的，因为执政女王的丈夫可以分享她的头衔，至少在她有生之年是这样。腓力已经开始建立一个新的王室家庭。1498年，胡安娜生下了他们的第一个孩子埃莉诺（Elinor），1500年生下了他们的第二个孩子查理，到1501年又生了第三个孩子。

法律是站在腓力一边的，因为执政女王的丈夫可以分享她的头衔，至少在她有生之年是这样。

右图：胡安娜的父亲，阿拉贡国王费尔南多二世的画像，由被称为圣玛德琳传奇大师的画家所画。像他的女婿腓力一样，费尔南多为达到自己的目的利用了胡安娜。

上图：英俊的腓力是神圣罗马帝国皇帝马克西米利安一世和勃艮第的玛丽的儿子。

腓力的风流事就让胡安娜饱受嫉妒的折磨，并开始腐蚀她的人格，她对他的感情从激情转向仇恨。

令腓力岳父岳母不安的不仅仅是他对王位的粗暴要求。在结婚不到两年的时间里，腓力的风流事就让胡安娜饱受嫉妒的折磨，并开始腐蚀她的人格，她对他的感情从激情转向仇恨。胡安娜完全被她的丈夫迷得失去了理智，而对很多重要的现实情况一无所知。例如，法国是西班牙在欧洲争夺霸权的最大竞争对手。然而，腓力，未来西班牙王后的配偶，却是个亲法派，多年来被佛兰德斯议会灌输了亲法的观念。腓力尽管魅力非凡，但是很容易被人操纵，成为吸收这些破坏性政治思想的完美海绵。

作为王位的继承人，胡安娜必须清醒地认识到真相。有一个人可以让她面对事实，那就是科尔多瓦（Cordova）的主教胡安·德·丰塞卡（Juan de Fonseca），他是胡安娜家族的老朋友，主修政治策略和外交。当他到达布鲁塞尔时，丰塞卡发现胡安娜情绪低落，容易神经衰弱，与宫廷生活隔绝，并受到间谍的监视。在这种状态下，胡安娜很容易受到影响。当丰塞卡和她谈完后，她终于明白了佛兰德斯人的亲法和反西班牙的本性，以及他们是如何影响和塑造腓力的。

忧郁的萨拉戈萨

1501年，腓力与胡安娜一起离开佛兰德斯前往西班牙访问，他对妻子的家乡和笼罩在那里的忧郁的阴云深恶痛绝。他厌恶斯巴达式的道德氛围，厌恶宗教狂热分子一边哭着喊着要赎罪，一边鞭打自己，直到鲜血淋漓。西班牙的夏天炎热，如火炉般炽热，闪闪发光的灰尘云让人难以呼吸。这里的绿色太少了——只有陡峭的山脉和半荒漠的地形，不像佛兰德斯。即使是王室的氛围也很严肃。腓力穿着华丽的锦缎、紫丝绒和金布衣服，来见岳父岳母。费尔南多和伊莎贝拉则穿着朴素的黑袍，像修士和修女一样坐着。

　　这次访问西班牙的官方任务是说服阿拉贡的议会承认胡安娜和腓力为费尔南多和伊莎贝拉的正式继承人。这是一件困难的事。在议会的拖延下，腓力陷入了暴躁、生闷气的情绪中，然后议会提出了苛刻的条件。只有在胡安娜还活着的时候，腓力才可以作为她的配偶享有相应的权利。如果胡安娜的母亲去世了，费尔南多再婚，那么他第二次婚姻出生的任何儿子都会取代腓力。腓力可能会接受这个条件，但他不能接受的是议会讨论的下一个议题：为与他心爱的法国作战筹集资金。听了

下图：这是一张萨拉戈萨——阿拉贡王国首都12—15世纪的照片，上面显示了圣马格达莱纳教堂（St Magdalena）的塔楼（近景）和皮拉尔圣母大教堂（Cathedral-Basilica del Nuestra Señora del Pilar）的四座塔楼（远景）的景色。

这番话，腓力不想再与阿拉贡议会或西班牙扯上任何关系了，他告诉费尔南多和伊莎贝拉，他和又怀孕了的胡安娜要回佛兰德斯。他的借口是，他离开他的北方王国太久了。

情况的恶化

费尔南多和伊莎贝拉千方百计地劝说腓力改变主意。他们反对腓力的决定，最有力的理由是胡安娜怀孕了，这将使她和她未出生的孩子在隆冬时节经历一段漫长而艰难的旅程，可能会有危险。伊莎贝拉在腓力对她的爱和关心下赌注，但她算错了。腓力完全做好了把胡安娜留在西班牙、他独自回家的准备。胡安娜得知丈夫的意图后，变得歇斯底里起来，但没有任何戏剧性的事件发生，没有眼泪，没有哭喊，没有乞求——事实上，没有任何东西——能让腓力放弃他的计划。1502年12月19日，腓力离开了西班牙。他花了一年多的时间辗转于法国、瑞士、巴伐利亚和萨沃伊，最后才抵达布鲁塞尔并回家。

费尔南多和伊莎贝拉千方百计地劝说腓力改变主意。

左图：卡斯蒂利亚的女王伊莎贝拉一世本身就是一位在位的君主。1504年她去世后，她的王位传给了她的女儿胡安娜，而伊莎贝拉的丈夫阿拉贡的费尔南多则不再是她的配偶。

与此同时，在西班牙，胡安娜陷入了忧郁和沉默，她在思考腓力是如何抛弃她的。1503年初，她的第四个孩子斐迪南出生后，她变得更加疯狂。她咒骂被派来安抚她的教士，愤怒地严厉地斥责仆人，用那些粗俗的语言侮辱她的母亲，甚至连温文尔雅的伊莎贝拉都震惊了。胡安·德·丰塞卡来到胡安娜所在的拉莫塔城堡（Castle of La Mota），试图让她平静下来。但是胡安娜说，如果他阻止她离开西班牙回到腓力身边，她就用死亡或酷刑威胁他。

丰塞卡吓得后退了几步，但胡安娜追了过来，他刚逃出去，城堡大门就在他身后关上了。胡安娜向铁栏杆猛扑过去，大喊大叫，直到筋疲力尽，她才滑落到地上。她在那里待了整整一个冰冷的夜晚，显然是处于昏迷状态。最后，费尔南多和伊莎贝拉意识到，只有当胡安娜再次和腓力躺在一起时，她的狂躁才能平息下来。他们不得不让她离开。

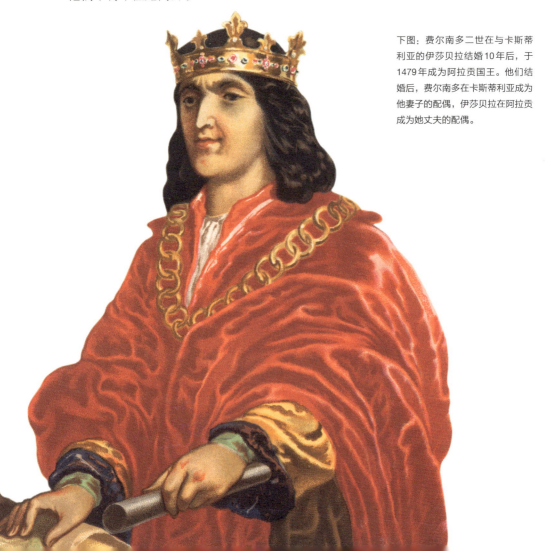

下图：费尔南多二世在与卡斯蒂利亚的伊莎贝拉结婚10年后，于1479年成为阿拉贡国王。他们结婚后，费尔南多在卡斯蒂利亚成为他妻子的配偶，伊莎贝拉在阿拉贡成为她丈夫的配偶。

互相辱骂

1504年4月，胡安娜回到了腓力身边，但他们的团聚并没有让她恢复理智。腓力注意到了这一点。他已经有了一个新的情妇。胡安娜发疯似地找出一把剪刀，抓住那个女人的头发，开始剥她的头皮。那位情妇几乎成了秃子，血流不止地逃走了。腓力赶到了，在与胡安娜互骂之后，他打了她的脸，胡安娜被这一拳打蒙了。她平静下来，在床上躺了好几天。

但她并没有沉默太久。胡安娜的随从包括一些摩尔奴隶，他们在1496年她第一次去佛兰德斯时就陪伴着她。这些奴隶看起来就像魔鬼，他们黝黑、凶狠的脸上刻着标志性的痕迹，他们擅长使用情爱药水和诱人的香水。腓力决定把他们赶走。胡安娜拒绝让他们离开，但腓力还是把他们赶了出去。一场场野蛮的争吵接踵而至，胡安娜使出浑身解数侮辱和咒骂腓力，腓力也不甘示弱，以牙还牙。为了表示抗议，胡安娜开始绝食。当她开始敲打卧室的地板时，他不顾她的请求，让她挨饿，而她的卧室就在他的楼上。过了一会儿，胡安娜开始用石头敲打地板，然后又用刀敲打。这场争斗持续了一整夜，第二天早上，当腓力终于上来与她对峙时，发现她已经筋疲力尽，但仍在挑衅他。

日益孤立

这是一场战争。胡安娜的母亲知道这一切，因为她自己也已经筋疲力尽，躺在拉莫塔城堡奄奄一息。伊莎贝拉女王于1504年底去世，留下了一个潜在的灾难性局面。胡安娜此时是卡斯蒂利亚的女王，但根据她母亲的明确意愿，费尔南多将成为她的摄政王。如果胡安娜不能或不愿意统治，他将继续担任摄政王。费尔南多做得比这更好。他确保他的女儿确实会因为精神和情绪不稳定而无法执政。当然，这也使腓力失去了在西班牙当国王的机会。

就腓力而言，他也想让胡安娜避开，这样他就能为自己争取到王位。胡安娜的父亲和丈夫实际上都是在密谋反对她，每个人都有自己邪恶的理由。在剥夺她继承权的竞赛中，他们中的任何一个人取得胜利只是时间问题。腓力首先采取行动，可

腓力已经有了一个新的情妇。胡安娜发疯似地找出一把剪刀，抓住那个女人的头发，开始剥她的头皮。

上图：费尔南多和伊莎贝拉在1486年会见了克里斯托弗·哥伦布（左前）。哥伦布访问了几个王室宫廷，为他寻找通往亚洲的西行路线的计划寻求赞助。伊莎贝拉同意资助哥伦布，后来他在航行中发现了美洲。

能是通过身体暴力迫使胡安娜写了一封信，告诉她的父亲，她要和腓力一起来到西班牙，在卡斯蒂利亚掌权。写完信后，腓力把她囚禁在布鲁塞尔的王宫里，不让任何可以向费尔南多报告她的困境的人接近她。12名士兵日夜守卫着胡安娜的居室，除了做弥撒，甚至连王宫附属教堂神父都不允许与她说话。解决了胡安娜的问题后，腓力四处寻找反对费尔南多的盟友。他与法国国王路易十二（Louis XII）和他自己的父亲奥地利的马克西米利安缔结了条约，三个签署人都发誓要阻止费尔南多在卡斯蒂利亚的统治。

费尔南多被打败了，但他还剩下一个办法：再婚，这可能会使他有新的儿子来挑战腓力。为了进一步削弱腓力的新联盟，费尔南多到他的老对手法国去寻找他的第二个新娘，1505年10月，他与法国国王的外甥女热尔梅娜（Germaine）的婚礼举行了。现在轮到腓力被耍得团团转了，这一次，令他失望的是，胡安娜拒绝按照

胡安娜拒绝按照腓力的要求公开谴责她父亲的第二次婚姻。慢慢地，随着腓力和费尔南多为争夺控制权而进行的交锋越来越激烈，局势开始朝着内战的方向发展了。

左图：是马克西米利安一世的画像，他是胡安娜女王的公公，在1493年当选为神圣罗马帝国皇帝之前，他被称为奥地利的马克西米利安大公。

腓力的要求公开谴责她父亲的第二次婚姻。慢慢地，随着腓力和费尔南多为争夺控制权而进行的交锋越来越激烈，局势开始朝着内战的方向发展了。当腓力厌倦了远距离的争吵时，战争似乎迫在眉睫。1506年初，他发动了一支军队，在胡安娜的陪同下，启程前往西班牙。作为回应，费尔南多召集阿拉贡国民军和梅迪纳德尔坎波（Medina del Campo）的炮兵部队，以等待大多数人认为的佛兰德斯人的入侵。

诡计与阴谋

当腓力的舰队停靠在西班牙西北角的科鲁尼亚（Coruña）时，费尔南多意识到他的军队在人数上和武器上都大大落后。他使用了他最熟悉的东西：诡计。不久后，腓力得到消息，南部的安达卢西亚（Andalucia）和西北部的莱昂（Léon）正在进行部队调动，费尔南多的军队正在慢慢接近他的军队。从现在开始的任何一天，腓力都可能会被包围。到1506年6月19日，费尔南多的军队离他只有10公里。这个陷阱似乎就要围住腓力了，但却没有发生战斗。腓力失去了勇气，同意与他的岳父进行谈判。

他们会面的结果是签订了两份条约，第一份包含了一项协议，即费尔南多将从卡斯蒂利亚撤军。第二份是一项秘密安排，据此胡安娜将永远没有统治权。签字的墨迹还没干，费尔南多就反悔了，并宣布他是在胁迫下同意这些条约的，胡安娜毕竟是卡斯蒂利亚的合法君主。

与此同时，腓力认为他已经赢了。由于不知道费尔南多这只老狐狸的狡猾名声，腓力继续实施将胡安娜拒之门外的计划。但胡安娜不再是之前那个容易捕获的猎物了。她开始怀疑腓力所说的话或所做的任何事情都对她最不利，而且，她非常想与她的父亲和解，她很崇拜父亲。为了达到这个目的，她需要逃跑。她的前两次尝试都失败了，但她第三次挫败腓力的行动，采用了不同的策略，比较成功。

当腓力要求议会同意将他的妻子以精神不正常为由关起来时，她的堂（表）亲卡斯蒂利亚海军上将法德里克·恩里克斯（Fadrique Enríquez）亲自去检查了她的精神状况。他们在一起待了10个小时；胡安娜一直很平静，完全控制住了自己，海军上将发现她的谈吐既聪慧又精

签字的墨迹还没干，费尔南多就反悔了，并宣布他是在胁迫下同意这些条约的。

疯狂的胡安娜对她
的丈夫——英俊的
腓力非常着迷，在
他们第一次见面的
时候，也就是1496
年正式举行婚礼的
前一天，她就和他
完成了婚姻。

明。他后来告诉腓力，他不会纵容任何宣布胡安娜不健康的计谋。海军上将极力为胡安娜辩护，结果议会否决了腓力的提议。沮丧和愤怒的腓力把军队转移到了西班牙北部的布尔戈斯（Burgos）。正是在这里，命运为英俊的腓力——西班牙王室的祸患，安排了一个完美的，但也是悲剧的解决方案。

　　1506年9月17日，腓力与他的一个手下进行了一场激烈的回力球比赛，结果满身大汗，口渴难耐。他站在寒风刺骨的山上，喝了一壶水。腓力当天晚上开始感到不适，第二天早上醒来时发烧了。三天后，他开始咳血。他的喉咙肿了起来，到9月24日，他的全身出现了黑色和红色的斑点。他逐渐陷入昏迷状态，两天后死亡。三个小时之后，又怀孕了的胡安娜才允许他的侍臣们为尸体穿上衣服，准备下葬。之后，她穿上了黑色的衣服，呆呆地坐在寓所里，没有任何反应。

上图：胡安娜从1509年到1555年去世一直被囚禁在位于托尔德西利亚斯（Tordesillas）的圣克拉拉修道院（Convent of Santa Clara）。

一支病态的队伍

当胡安娜最终从恍惚中清醒过来时，她心里只有
一个念头：她必须把腓力的遗体带到南方的格拉纳达
（Granada）去安葬。一支可怕的队伍在冬天寒冷的
大雾天气中出发了，胡安娜走在灵车后面。她在崎岖

一支可怕的队伍在冬天寒
冷的大雾天气中出发了，
胡安娜走在灵车后面。

的山地上行进了61公里，走到筋疲力尽，加上孩子即将出生，她不得不在西班牙
中部的托尔克马达（Torquemada）停了下来。1507年初，胡安娜在那里生下了她
的第6个孩子，即她的女儿卡塔琳娜（Catalina）。

每天，在当地教堂的祭坛前都会举行葬礼，胡安娜的侍臣们整日整夜地守在灵
柩台周围。1507年4月，瘟疫袭击了托尔克马达，胡安娜下令离开。这支队伍再次
上路，并在一个叫奥尼略斯（Hornillos）的凄凉的小村庄里停了下来。此时，腓
力已经去世7个月了，有足够的时间让八卦的人来制造关于胡安娜的耸人听闻的故
事。据说，在一个僧侣告诉她一具尸体在14年后会复活后，她相信了腓力会复活。
最令人毛骨悚然的传言是，胡安娜几乎每天都会打开棺材，与尸体亲热。

事实是胡安娜总共把棺材打开了4次，但她只是凝视着她丈夫的遗体。1507年
8月下旬，当胡安娜从奥尼略斯出发，准备她期待已久的父女团聚时，腓力仍没有
下葬。当她终于见到父亲时，她跪倒在地上，试图亲吻父亲的脚。显然，费尔南多
被女儿憔悴、面黄肌瘦的样子震惊了，他突然哭了起来。

最终陷入疯狂的境地

这个感人的时刻并不意味着费尔南多要扮演一个慈爱的父亲的角色。在随后的
漫长对话中，费尔南多似乎劝说胡安娜交出卡斯蒂利亚及其政府和财政收入。最
后，费尔南多终于得到了他想要的一切。现在他不再需要胡安娜了，他所要做的就
是把她弄走。

胡安娜花了很长时间才明白这一道理。作为卡斯蒂利亚的女王，人们对她百般
尊敬。甚至她父亲的第二任妻子热尔梅娜也向她表达了敬意。但后来，胡安娜开始
注意到，由费尔南多任命的新朝臣是对她父亲而不是对她效忠，他们的行为更像是
间谍而不是随从。1508年春天，费尔南多露出了他的一丝端倪。他开始催促胡安

娜再次结婚。英格兰国王亨利七世（Henry VII）向她求婚，胡安娜立马想到，亨利遥远的国度可以方便地将她从西班牙带走。胡安娜拒绝了，费尔南多终于失去了耐心。

他即将出发去西班牙南部的科尔多瓦远征，去对付一个反叛的贵族，他声称，他希望胡安娜在他远征在外的时候待在一个安全的地方。费尔南多心目中的安全之地是阴暗险恶的像监狱一样的托尔德西利亚斯城堡。胡安娜恳求她的父亲不要把她放在那里。经过一番争吵，费尔南多让步了，但为了报复，他把胡安娜5岁的小儿子带走了。

奇特的行为

当她的父亲和儿子离开后，胡安娜陷入了恍惚状态。她的思想长期处于疯癫的边缘，开始崩溃。她的行为越来越古怪。她拒绝清洗或更换衣服。她几乎不停地小便。到1509年初，当费尔南多从科尔多瓦回来时，有很多目击者见证了她陷入了疯癫。费尔南多下令将胡安娜在重兵把守下押送到托尔德西利亚斯城堡。腓力的灵柩和她两岁的女儿卡塔琳娜都跟着她一起去了托尔德西利亚斯城堡。

胡安娜被关在城堡里，这是她最后的监狱，在这儿她很少有不受羞辱的时候。她用她惯用的方式进行反抗——拒绝吃饭、睡觉、洗漱或穿衣——但有一些证据表明，为了让她更听话，她被殴打了。在1509年10月和1510年11月，她的父亲看望了她两次。第二次，他带来了一群反对他接管卡斯蒂利亚的贵族，这让胡安娜措手不及。她房间的门突然打开了，在那里，贵族们惊讶地看到，在一片污秽不堪的环境中，这位缩成一团、衣衫褴褛的卡斯蒂利亚女王穿着破烂不堪的衣服，看上去遍体鳞伤，散发着难闻的气味。费尔南多做任何事情都不会半途而废。他让贵族们来看他女儿的落魄模样，让他们亲眼看看胡安娜是个完全失败的人。

贵族们惊讶地看到，在一片污秽不堪的环境中，这位缩成一团、衣衫褴褛的卡斯蒂利亚女王穿着破烂不堪的衣服，看上去遍体鳞伤，散发着难闻的气味。

费尔南多于1516年去世，胡安娜继承了他的王位，成为阿拉贡王国名义上的女王。但卡斯蒂利亚和阿拉贡的双王冠对她来说毫无意义。她的长子查理，与他的父亲和祖父一样恶毒。他想要继承整个西班牙和西班牙美洲殖民地以及半个欧洲的雄心战胜了孝道良心。但是，只有当他的母亲给他让位时，查理才能继承这块广袤的领土和巨大的财富。想要说服他的母亲并不难。胡安娜现在已经疯得很厉害了，她最终"温顺"地屈服了，同意由查理代表她来统治。

　　在得到了他想要的东西之后，查理严格限制胡安娜，并把她密不透风地隐藏起来。他不允许胡安娜与外界的任何人见面。在查理的命令下，她只能待在自己的房间里，最好是躺在床上。当她听到弥撒时，不是在城堡的小教堂里，而是在隔壁她自己的房间里。

左图：西班牙国王查理一世，在1516年绕过他疯癫的母亲胡安娜，继承了卡斯蒂利亚和阿拉贡的王位。3年后，他接替他的祖父马克西米利安，成为神圣罗马帝国皇帝查理五世。

一个可怜的人物

　　尽管胡安娜的处境极其悲惨，但她还是能够考虑逃跑，并且在1519年，胡安娜被关在托尔德西利亚斯城堡的消息传出后，她得到了机会。反对查理征收重税的叛军向城堡进发，并设法进入了庭院。这给了胡安娜一个机会，她可以逃出囚室，看着叛乱者们吵着嚷着要她成为他们的合法女王。但她太困惑了，没有意识到发生了什么事。她用呆滞的、茫然的目光盯着她的可能的拥护者，然后让自己被带回城堡，锁上了门。不过这一次，她被关进了一间漆黑的、没有窗户的囚室。她偶尔会被放出来，其中的一次是在1525年，当她的女儿卡塔琳娜离开城堡去嫁给葡萄牙国王若昂三世（John III）的时候。胡安娜望着游行队伍从窗户里蜿蜒而去。窗户上有厚厚的铁栅栏，以防她跳出去。

上图：格拉纳达王家教堂中英俊的腓力和疯狂的胡安娜的坟墓。胡安娜于1555年去世，比腓力多活了50年。

　　胡安娜在托尔德西利亚斯城堡里又待了30年，她的头脑越来越深地陷入充满着幻想和精神错乱的可怕想象之中。她在1555年去世，终年76岁，她三分之二的人生都是在监禁中度过。胡安娜被埋葬在格拉纳达的王家教堂里，紧挨着腓力——1525年，腓力的怪诞之旅结束了，在他死后约20年，他被埋葬在那里。胡安娜的父母也同样被葬在附近，和腓力一样，他们的雕像也是按照惯例摆出了虔诚和庄重的姿态。胡安娜的形象则不同——这件作品的雕刻者在大理石上刻下了现实生活中让她破相的脸部线条和坑洞，并且为了安慰她，在她的手中放置了王家权杖，这是她从未被允许拥有过的权力的象征。

西班牙王室
更疯狂了

西班牙王室的疯病始于15世纪葡萄牙的伊莎贝尔，在随后的几代人中传播开来，一些人幸免于难，但另一些人则受到了毁灭性的打击。再加上另一个因素——频繁地近亲通婚，这是维护哈布斯堡家族在西班牙的权力的一个手段——这就为欧洲任何其他王朝所无法比拟的一连串恐怖事件打下了基础。它们在唐·卡洛斯（Don Carlos，1545—1568）和几代人之后的西班牙国王卡洛斯二世（Carlos II，1661—1700）身上表现得最为突出。

左图：西班牙的卡洛斯二世刚刚神志清醒到能够意识到折磨他的疯病症状，但他相信这是巫术造成的。他的祖先，16世纪的唐·卡洛斯（上图）也遭受了类似的痛苦，并不幸英年早逝。

　　唐·卡洛斯是近亲通婚造成伤害的一个可怕例子，这使他几乎丧失了所有正常人的能力。他的父母是表亲。卡斯蒂利亚的胡安娜女王是他的曾祖母，1545年唐·卡洛斯出生时，她还活着，当时她深受幻想和恐惧的折磨，住在托尔德西利亚斯城堡的肮脏牢房里。他出生的过程非常艰难，以至于他的母亲——18岁的玛丽亚·曼努埃拉（Maria Manuela）在分娩后仅存活了4天。

　　从身体上看，婴儿时期的卡洛斯是个怪物，一个右腿比左腿短的驼背人。他智力发育迟钝，直到5岁才能说话。即使在那个时候，他的嘴部有些变形，可能也使他无法发出字母"l"和"r"的声音，这使得大家很难理解他说的话。当他出现明显的口吃时，问题就更严重了。这反过来又增加了他的挫折感，助长了他的暴力倾向。甚至在他还是个婴儿的时候，他就会爆发虐待狂式的暴力行为，包括狠狠地咬奶妈的乳房，有三个奶妈差点因此丧命。

一个难以维持的地位

　　尽管唐·卡洛斯的生理和精神状态令人担忧，但事实上，他是他父亲费利佩（Philip of Spain）唯一的男性继承人。这一地位必须得到正式的认定。但费利佩推迟了正式的认定仪式，他对儿子的病情好转抱有一线希望。然而情况并没有得到改善。在1555年，费利佩的父亲查理退位，费利佩在第二年继承了他的王位，成为西班牙的国王。尽管卡洛斯有明显的残疾和可怕的行为，此时他离王位只有一步之遥，不能再拖延了。他被正式认定为西班牙未来的国王，而且，由于他需要有自己的王位继承人，他也正式在王室婚姻市场上占据了一席之地。

唐·卡洛斯明显的口吃使他有了挫折感，这助长了他的暴力倾向。甚至在他还是个婴儿的时候，他就会爆发虐待狂式的暴力行为，包括狠狠地咬奶妈的乳房，有三个奶妈差点因此丧命。

　　有人提出了几个潜在的配偶人选，包括英国女王伊丽莎白一世（Elizabeth I），她比卡洛斯大14岁。另外两个人选分别是卡洛斯的姑姑、葡萄牙王妃乔安娜（Joanna）和他的表妹奥地利女大公安娜，与她们中的任何一个结婚都是乱伦行为。西班牙王室最不需要的就是更多的近亲结婚。幸运的是，所有为卡洛斯提议的婚配组合都没有实现。在这种情况下，卡洛斯一直没有结婚。这也是好事，因为让他繁衍后代也许会给他的家族带来更多的灾难。

1556 年，在查理五世退位后，忧郁的、沉默寡言的国王费利佩二世登上了西班牙的王位。费利佩重度残疾的儿子唐·卡洛斯是他一生中最大的悲剧。

卡洛斯有许多不足之处，厌恶学习是其中之一。他的兴趣仅限于酒、女人和食物，这些东西让他失去了少年时期的苗条体格，并使他变成了一个体重严重超标的成年人。由于费利佩二世迫切希望高等教育能够打破他对学习的冷漠，卡洛斯于 1562 年被派往阿尔卡拉大学（University of Alcalá de Henares）听课。卡洛斯对上课没有兴趣，但在阿尔卡拉大学期间，他疯狂地爱上了大学里一个仆人的女儿。然后，有一天，卡洛斯从光线不足的楼梯上往下跑时被绊了一下，摔倒在地上。有人发现他躺在地上不省人事，头上有一个裂开的伤口。后来伤口感染了，他的头肿得非常大，以至于他暂时失明了。

右图：这幅唐·卡洛斯的画像掩盖了关于他的一些事实。卡洛斯背上的驼峰被他的斗篷和画中的黑色背景有效地掩盖了，画中那双匀称的腿与事实更是相去甚远，卡洛斯的一条腿比另一条短。

对酷刑的嗜好

　　缺乏男性陪伴以及缺乏现在所谓的合适的"榜样"，对唐·卡洛斯产生了不利影响，在此前提下，他在7岁时就被强制性地脱离女护士和女家庭教师的陪伴。这只会使他的残忍和暴力倾向更加严重。在卡洛斯9岁的时候，已经开始折磨小女孩和仆人了。他的病情在13岁以后变得更加严重了。他把王家马厩里的马严重致残，以至于20匹马不得不被杀死。卡洛斯还喜欢把小动物扎在烤肉叉上，然后活活烤死它们：他最喜欢这样对待野兔。

左图：疯狂的唐·卡洛斯是极端的虐待狂，这是他的特点之一。他的父亲，国王费利佩二世，希望他能以某种方式被治愈，但这从未发生。有传言说，卡洛斯的死是由费利佩在1568年一手策划的。

焦虑的父亲

与此同时，费利佩二世非常焦虑，忧心忡忡，担心他会失去自己唯一的男性继承人。他急忙赶到阿尔卡拉，日夜为他儿子的康复祈祷。

费利佩赶走了那些毫无用处的官方医生，转而求助于更差劲的庸医：他们的"治疗法"与巫医和魔术师相差无几。最后，当唐·卡洛斯发高烧、情况危急时，费利佩召集来了一群方济各会的修士，他们拥有一个圣遗物，就是大约一个世纪前去世的圣徒迭戈（Diego）修士的干尸。

修士们把干尸放在卡洛斯的床上，那天晚上，王子似乎梦见了迭戈修士。从那以后，他的高烧逐渐退去，脉搏也稳定了下来，两个月后，他能够走一段路了。但危机并没有结束。此前的摔倒及其后果显然对唐·卡洛斯紊乱的大脑造成了更大的损害。他会静坐好几个小时，然后开始胡言乱语。更令人震惊的是，他变得比以前更加暴力。卡洛斯无缘无故地袭击了仆人和高级法院的官员，还差点把其中一个人从宫殿的窗户扔出去。有一个鞋匠做了一双卡洛斯不喜欢的靴子，卡洛斯强迫他把靴子切成小块吃掉。卡洛斯对各种各样的武器很感兴趣，有一次他用他的剑威胁了强大而威严的阿尔瓦第三世公爵费尔南多·阿尔瓦雷斯·德·托莱多（Fernando Álvarez de Toledo）。公爵对这一挑战不以为然。他粗暴地抓住了卡洛斯的胳膊，把武器从他手里夺了下来。

暴力的加剧

到此时为止，卡洛斯的奇怪行为还能够对外保密。但随着他的疯病越来越严重，保密也变得不可能了。卡洛斯的暴怒、傲慢和突然爆发的暴力，让他的父亲——或者其他任何人——都无法应对。1567年12月底，当卡洛斯告诉他的忏悔神父他"想杀死一个人"时，他无可挽回地越过了费利佩所能忍受的和不愿意容忍的界限。他所说的想杀死的人的是他的父亲。当然，这就是叛国罪。要么是他的忏悔室的秘密被泄露了，要么是卡洛斯告诉了别人，但是，不管这个消息是怎么传到费利佩耳朵里的，费利佩很快就知道了他儿子说的话。费利佩国王当时一直在西属尼德兰，但1568年1月17日，当他回

卡洛斯顿时吓坏了，他赶紧跪在他父亲面前，求他当场结束自己的生命。

上图：这是唐·卡洛斯的父亲费利佩二世国王的肖像，他被象征西班牙领土的六个盾形纹章包围着。

到西班牙时，他立即采取了行动。

那天晚上，卡洛斯正在他的房间里休息，周围有一大堆武器，这时他房间的门突然打开了。在门口站着三个人——费利佩国王、卡洛斯的参谋和忏悔神父。卡洛斯顿时吓坏了，他赶紧跪在他父亲面前，求他当场结束自己的生命。当国王拒绝他后，卡洛斯试图跳进附近炉子里燃烧的火中。他被强行从火焰中拉了回来。

有毒的钻石

唐·卡洛斯被严格监禁在马德里附近的阿雷维洛城堡（Arévelo Castle）的塔楼里。他那间小牢房里唯一的光线来自一面墙上高高的一扇窗户。从那时起，费利佩国王就假装他的儿子不存在。没有人可以提及他的名字，也不能询问他的下落、在教堂为他祈祷。

几个月过去了，卡洛斯变得越来越疯狂。他开始绝食，不得不被人强行灌食汤汁来维持他的生命。他认为钻石是有毒的，于是吞下了一枚钻石，想要自杀。最后，在1568年7月9日，卡洛斯被指控犯有谋害其父亲的叛国罪，他被合法监禁了。没有律师被允许为卡洛斯辩护，他被宣布判为死刑。这只是一种形式。费利佩无意处决他的儿子，但他确实强烈暗示，如果放松对卡洛斯饮食的预防控制措施，允许他放纵自己的本性狂吃东西，最终的结果必将是卡洛斯因为暴饮暴食而死亡。

沉默寡言的费利佩把自己关在房间里，一连几天坐在那里沉思默想。与此同时，在严密的监护中，他儿子的病情迅速恶化。卡洛斯发了高烧，不停地呕吐。监护人把冰块倒在他牢房的地板上给他降温，还把卡洛斯的衣服脱下来让他躺在地板上。一连几天，卡洛斯除了水果什么都不吃。他要求吃糕点，当一个巨大的香料蛋糕送到他面前时，他把它吃了个精光，然后喝了十多升的水。不久之后的1568年7月24日，唐·卡洛斯去世，年仅23岁。一个神秘的声明说，他"死于自己的暴饮暴食"，但很快就有传言说，死因是卡洛斯的食物中混入了慢性的毒药。

快进一个世纪

费利佩国王又等了10年才有另一个儿子，也就是未来的费利佩三世（Philip III）继承他的王位。但他又一次遇到了危险，因为费利佩三世的母亲是奥地利的安娜，曾经是唐·卡洛斯的配偶人选，也是费利佩国王的外甥女。更糟糕的是，在费利佩三世的儿子和继承人费利佩四世（Philip IV）也娶了他的外甥女玛丽亚·安娜（Maria Anna）之后，近亲结婚的隐患就更大了。

1665年，费利佩四世和玛丽亚·安娜的儿子继承了西班牙王位，成为卡洛斯二世国王，当时他只有四岁。他很快就有了绰号"被施魔法者"，也就是"被蛊惑的人"。

他可怕的精神和身体状态被归因于巫术，而卡洛斯本人也对此深信不疑。"许多人告诉我，我被迷惑了，"他说，"我完全相信这一点，这就是我所经历和忍受的事情。"

为了治愈卡洛斯，宫廷举办了驱魔仪式，参与其中的神父被命令去查问那些"附身"于他的"魔鬼"，但他们拒绝露面，于是这一努力被放弃了。

1665年，费利佩四世和玛丽亚·安娜的儿子继承了西班牙王位，成为卡洛斯二世国王，当时他只有四岁。他很快就有了绰号"被施魔法者"，也就是"被蛊惑的人"。

左图：年轻的西班牙国王卡洛斯二世，像17世纪及以后的儿童一样，装扮成一个小大人。

身体畸形

几乎所有可能出错的事情都发生在了不幸的卡洛斯身上。首先，他有一个巨大的、畸形的头。他的家族还有一个显性遗传的特征——有异常大的、突出的下巴，被称为"哈布斯堡唇"。这一特征在卡洛斯身上更明显了，他的嘴唇太夸张了，导致他的上下两排牙齿不能咬合，他无法咀嚼食物。卡洛斯的舌头太大了，都从他的嘴里伸出来了，而且他不断地流口水，这使得别人难以理解他所说的话。他的双腿非常虚弱，无法站立或行走，并经常在尝试走路时摔倒。他的家人对他过度保护，直到他几乎长大成人，才允许他在没有帮助的情况下行走。同样，卡洛斯在五六岁之前也不自己吃饭，而是由奶妈喂食。他太虚弱了，仆人不敢给他经常洗澡以保持清洁，甚至不帮他梳理头发。

似乎这一切还不够，遗传性激素疾病肢端肥大症可能是卡洛斯众多病痛中的又一个。这种罕见但严重的疾病是由过量的激素引起的，特别是生长激素，会导致手脚过大，肌肉无力，以及其他症状。先天性梅毒是卡洛斯的众多灾难性遗传病中的

上图：17世纪的医学知识无法诊断精神错乱的原因，更不用说治疗了。神父的驱魔仪式是他们唯一能做的，尽管画中卡洛斯二世（Carlos II）满脸悲恸地跪在地上，但他的做法对病情没有一点帮助。

另外一个，这可能是他的父亲费利佩四世经常去马德里的妓院的结果。

　　卡洛斯也有智力障碍，但是还没有严重到让他意识不到自己的残疾。他非常迷信。他明显缺乏智力的原因似乎不是因为大脑有缺陷，而是因为他缺乏教育。王室似乎害怕给他带来不必要的压力，宁愿让他几乎不学读书和写字。难怪卡洛斯二世无法理解他所生活的世界，他所掌握的知识都是从迷信中得来的，这种迷信牢牢地控制着他的思想。

不育和死亡

　　卡洛斯二世慢慢长大了，无论他的成长过程多么曲折，到了成年，卡洛斯二世不得不面对一个新的缺陷：他没有能力生育孩子。据说，卡洛斯不育在他出生时就已经很明显了。尽管如此，在1679年，他还是娶了他的第一任妻子，法国的玛丽·路易丝（Marie Louise of France）。可以理解的是，当路易十四告诉玛丽他为她安排的婚事时，玛丽并不是很高兴。经过几年的努力，玛丽·路易丝告诉法国驻西班牙大使，她已经不是处女了，但她不相信自己会有孩子。大使不知怎么搞到了卡洛斯的一条内裤，并让医生检查精子的痕迹，但进行检查的医生对他们的发现无法达成一致的观点。

迅速退化

　　1689年，仍然没有孩子的玛丽·路易丝去世，3个月后，卡洛斯再婚。他的第二任妻子玛丽亚·安娜属于维特尔斯巴赫王室的诺伊堡家族，后来因其自身的怪癖和精神错乱而出名。不过，玛丽亚·安娜的生育能力是毋庸置疑的，但是为了增加她的生育机会，他们给她驱了魔。即便如此，也还是没有孩子，似乎也没有希望有孩子，因为在几年之内，卡洛斯的身体就迅速退化了。1696年，在他35岁的时候，他的头发和牙齿都脱落了，视力也在下降。1698年，他三次癫痫发作，并变得耳聋。他跛了腿，还有一阵阵的眩晕。他的医生所能做的就是把冒着热气的动物内脏放在他的肚子上，让他保持温暖。卡洛斯国王临死的时候已经残缺不全得像一具人形骨架了，他于1700年去世，年仅39岁。

右图：长相
怪异的西班
牙卡洛斯二
世身穿金羊
毛骑士团的
袍子，这是
一个成立于
1430 年的骑
士团。他是
哈布斯堡王
朝最后一位
穿上这种袍
子的君主。

一条新的关系链，但遗传病没有暂停

卡洛斯二世是西班牙哈布斯堡家族的最后一位成员。他于1700年去世，没有儿子继承他的王位，这成为派系斗争爆发的信号，并于1701年爆发了一场全面的战争。西班牙王位继承战争，即决定谁将成为西班牙下一任国王的战争，于1713年以另一个强大的欧洲家族——法兰西的波旁家族的胜利而告终。然而不幸的是，西班牙的第一位波旁王朝国王费利佩五世（Philip V）给他的新王位带来了另一个灾难性的遗产，因为在他的家族中也普遍存在着近亲婚配的现象。费利佩五世是国王路易十四和他的西班牙哈布斯堡家族的妻子玛丽亚·特蕾莎的孙子，他们是双重表亲的关系。玛丽亚·特蕾莎也是费利佩四世的女儿，是疯狂的西班牙女王胡安娜的六代直系后裔。使这些已经令人恐惧的遗传可能性更加复杂的是，费利佩五世的母亲玛丽亚·安娜来自巴伐利亚，她是维特尔斯巴赫家族的一名成员，几个世纪以来，这个家族的不稳定基因一直在遗传，她也不例外。

使这些已经令人恐惧的遗传可能性更加复杂的是，费利佩五世的母亲玛丽亚·安娜来自巴伐利亚，她是维特尔斯巴赫家族的一名成员，几个世纪以来，这个家族的不稳定基因一直在遗传，她也不例外。

幸运的是，费利佩五世在位46年的时间里，除了其中的7个月，其余时间里他的精神状态都很稳定，足以让他稳坐西班牙王位。这7个月发生1724年，在费利佩这个非常虔诚的人庄严地宣誓要放弃这个世界和他的王位的4年后。1724年1月14日，他退位后宣布："感谢上帝，我不再是国王了，我的余生将致力于为上帝服务，追求独处。"

这种期望为时过早了。费利佩的儿子路易斯一世（Luis I）继承了王位，但在当年8月他死于天花，费利佩好不容易才被说服继续担任国王。

古怪和精神错乱

尽管费利佩五世的统治时间很长，对于这样一个有疯病遗传史的混血家族来说，这是一个显著的成就，但他在执掌西班牙王位期间却时常出现失误，往好了说，就是古怪，往坏了说，就是完全的精神错乱。有时，事情会发展到最糟糕的地

费利佩五世，西班牙第一位波旁王朝的国王。虽然没有像他的一些亲戚那样受到家族疯癫症的严重折磨，但费利佩性格古怪，患有忧郁症，并且经常出现幻觉。

步，费利佩的维特尔斯巴赫式忧郁症已经接近疯狂，导致他无法有效地统治国家，或者说，根本无法统治。他自己也怀疑自己是否适合做国王。在这种时候，费利佩就会长时间地独处，即使不是全部，也大部分表现出隐居者的状态。他讨厌与人交往。他疑心重重，不信任任何人。他没有什么自信心和自尊心。他的祖先费利佩二世国王早在两个世纪前就拥有了这些特点。

费利佩的维特尔斯巴赫式忧郁症已经接近疯狂，导致他无法有效地统治国家，或者说，根本无法统治。

一个被深深折磨的统治者

1717年，费利佩五世出现了第一次真正严重的发作，当时他的忧郁症几乎到了歇斯底里的程度，并引发了可怕的错觉。费利佩说，他感到好像有一团熊熊燃烧的火焰正在吞噬他的五脏六腑，就像一束阳光穿透了他的身体。他也深信自己将死于弥天大罪，于是把自己关在公寓里。他唯一允许从外面进来的访客是他的忏悔神父。因为费利佩确信，他自己正在为他个人的缺陷而受到神圣的惩罚。一个更科学的解释是，这些错觉是躁狂抑郁症的典型表现。

尽管到1718年费利佩已经完全康复，可以重新履行他的职责，但他的痛苦已经造成了他的损失。虽然他只有35岁，但他看起来好像已经很老了。他佝偻着身子，据法国作家圣西门公爵路易·德·鲁夫罗伊（Louis de Rouvroi）所说，他走路的方式很奇怪，"他的膝盖分开超过一英尺，"圣西门继续说，"……他说话腔调拖得那么慢，表情那么空洞，真叫我心慌。"

10年后，费利佩的躁狂抑郁症再次发作，他的情绪变化很快，时而昏昏沉沉，时而兴奋得发狂，然后又再来一遍。他殴打他的医生和他的第二任妻子——帕尔马的埃丽莎贝塔女王，使她浑身布满了又黑又青的伤痕。费利佩有妄想症，认为自己不能走路是因为脚大小不一。他拒绝让别人给他刮胡子或剪脚趾甲。八个月过去了，他的儿子兼继承人费尔南多才设法劝说他让理发师给他刮胡子。

费利佩的情绪变化很快，时而昏昏沉沉，时而兴奋得发狂，然后又再来一遍。……费利佩有妄想症，认为自己不能走路是因为脚大小不一。

上图：西班牙的费利佩五世（左一）和他的第二任妻子埃丽莎贝塔·法尔内塞（Elizabeth Farnese，左三），以及他们的家人。

西班牙局势逐渐陷入停滞状态

1732年，费利佩经常待在床上，并且拒绝起床。他在床上吃饭，但拒绝换衣服或刮胡子。他还拒绝与除埃丽莎贝塔王后和费尔南多之外的任何人说话，因为他想让人们认为他已经死了。费利佩也不同意见他的大臣或签署文件。这样一来，西班牙的政府几乎陷入了停滞状态。幸运的是，费利佩在大约7个月后的1733年康复。

又过了6年，费利佩又一次病倒了。这一次，他开始发出令人恐惧的咆哮声，声音回荡在他宫殿的房间和走廊里。他的大臣们和朝臣们不得不努力防止西班牙国王再次失去理智的消息传出。

不过，费利佩五世也有另一面，而且是自相矛盾的一面。他的波旁血统使他对性有着如饥似渴的欲望。与此同时，他的道德操守又使他无法像其他君主那样去找一个情妇。他不断地在忏悔室和他的王后的卧室之间来回穿梭，他对他的第一任妻子——萨沃伊的玛丽亚·路易丝（Marie Louise of Savoy）的要求也非常苛刻。1714年，26岁的她心力交瘁地去世了。近乎歇斯底里的费利佩不得不被人强行从她的临终病床上带走。

费利佩心烦意乱地退到他在安达卢西亚的梅锡纳塞利（Medina Coeli）宫殿。他大声地、长时间地哭泣，因为他需要性生活，就像他需要空气来呼吸一样。8个月后，费利佩又结了婚，并与第二任妻子帕尔马的埃丽莎贝塔育有7个孩子，不幸的玛丽亚·路易丝也为他生了4个孩子。不过最终，费利佩繁忙的一生还是结束了。1746年7月9日，他因中风而去世，终年63岁。

不幸的是，费利佩的第三个幸存的儿子兼继任人费尔南多六世，完全为开启新一轮的王室疯病做好了准备。费尔南多出生于1713年，33岁时继承了西班牙王位。刚开始的时候，人们以为波旁王朝的未来似乎更加光明，因为他们在费利佩五世的统治下遭受了许多痛苦和窘迫。而登基之初，费尔南多确实是一位仁慈的君主，渴望关心他的臣民，改善他们的生活。他为慈善机构提供了大量的资金，并在1750年安达卢西亚遭受干旱时取消了人民应缴的税款。

一种疯病的结束

国王费尔南多六世结束了关于王室家族精神错乱、忧郁症和情绪不稳定的漫长而悲惨的故事。不过，这一连串的故事有可能继续下去。费尔南多的王位由他同父异母的兄弟卡洛斯三世（Carlos III）继承，卡洛斯三世摆脱了王室精神错乱的诅咒，但在他之后，家族问题又重新出现了。卡洛斯三世的王位继承人是他的长子唐·费利佩（Don Felipe），他智力迟钝，或者像一些医生所说的那样，是个低能儿。他还患有癫痫症。这足以让王权转移到一个更合适的继承人身上。费利佩被他的弟弟所取代，后者在1788年继承了父亲的王位，成为国王卡洛斯四世（Carlos IV）。虽然花了近300年的时间，但西班牙人终于汲取了一个重要的教训：像西班牙国王这样的专制君主，可能是由上帝选择的，但现实生活中有很多事情都是偶然发生的。

右图：卡洛斯三世国王是一个开明君主，他在1759年接替了他同父异母的兄弟费尔南多六世，没有受到哈布斯堡和波旁王室所遭受的遗传性疯病的折磨。

奢华和炫耀

费尔南多是艺术和科学的热心赞助人，在马德里建立了圣费尔南多美术学院，并建造了三个王家天文观测台。他最喜欢的休闲方式是与他的妻子玛丽亚·特雷莎·芭芭拉（Maria Teresa Barbara）一起看歌剧，他还喜欢乘坐豪华的驳船顺流而下，船上配备了一个镶有银饰的豪华红色天鹅绒亭子。陪同王家驳船的船队是孔雀或鹿的形状。奢华一直是芭芭拉的显著特点，因为她喜欢富丽堂皇和向别人炫耀。她也喜欢音乐和歌剧，并且是一位才华横溢的大键琴演奏家。在一次海上航行中，她为著名的阉伶男高音法里内利（Farinelli）演唱的歌曲伴奏，法里内利成为西班牙宫廷的一大宠儿。

费尔南多的公众形象使他理所当然地受到臣民的欢迎，而他在公众场合的华丽亮相也使他们确信了他在欧洲伟大君主中的崇高的地位。然而，在所有的浮华和宏伟，以及王室的和睦相处之下，西班牙波旁王朝还有着黑暗的一面。和费尔南多一样，王后也出生于一个精神不稳定的家族，并和他一样有着神经质的忧郁天性，并对突然死亡有着深切的恐惧。

芭芭拉可能是外向活泼的，但费尔南多的精神问题更严重，他就像是另一个费利佩五世，而且更糟。他天生就有神经质和多疑的毛病，动不动就大

和费尔南多一样，王后也出生于一个精神不稳定的家族，并和他一样有着神经质的忧郁天性，并对突然死亡有着深切的恐惧。

上图：费尔南多六世和他的妻子芭芭拉都喜欢奢华的王家表演。在这幅1756年的画作中，他们和宫廷的成员一起出现在马德里附近的阿兰胡埃斯宫殿（Palace of Aranjuez）的花园里。

发雷霆。他每天都在担心自己会突然死亡。他会毫无预兆地一阵暴怒。由于渴望独处，费尔南多会躲到一个修道院，在那里他的大臣们无法接近他。像他的父亲一样，他不签署任何文件，也拒绝说话。随着时间的推移，他的怒火越来越猛烈，促使他用头撞墙。之后，费尔南多倒在了地上，一动不动地躺了好几个小时。他确信，如果他躺下，他就会死，但后来他改变了主意，连续几天拒绝下床。

在这些事件之间，国王本来还能保持清醒和愉快，但在1758年，当他喜爱的芭芭拉王后去世时，他最终陷入了无法挽回的精神错乱。如果有人建议他再婚，他会发疯。他拒绝洗脸、刮胡子或穿衣服。他一连10个晚上不睡觉。他毫无征兆地攻击他的随行人员：他最常用的武器是自己的排泄物。费尔南多拒绝吃任何东西，只喝汤，但后来又拒绝所有食物。他的体重急剧下降，瘦得只剩下一副皮包骨头。他好几次试图自杀。他要求服用毒药，当然被拒绝了，然后他试图用剪刀刺伤自己，或者用打结的餐巾和窗帘做绳子把自己吊起来。没过多久，费尔南多就患上了抽搐症，1759年8月10日，他在一次抽搐中去世了，时年46岁。

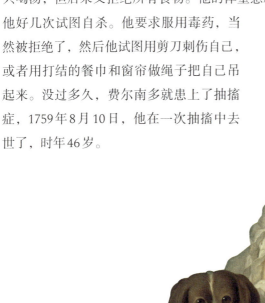

右图：和她的丈夫一样，费尔南多六世的王后芭芭拉也来自一个精神错乱的家族——葡萄牙布拉甘萨家族。1758年她的死亡让费尔南多突破极限，进入了完全疯癫的状态。

谋杀和捕象

　　自1939年以来一直对西班牙实行独裁统治的弗朗西斯科·佛朗哥（Francisco Franco）将军，在其生命的最后阶段选择了逃亡国王阿方索十三世（Alfonso XIII，1886—1931年在位）的孙子胡安·卡洛斯（Juan Carlos）作为其继承人。佛朗哥认为胡安·卡洛斯将继续他的独裁统治，但在佛朗哥将军于1975年去世后，胡安·卡洛斯开始废除佛朗哥政权的遗产，并引入改革，将西班牙转变为一个民主国家。1978年，一部新宪法获得通过，西班牙建立了君主立宪制。

　　三年后，国民警卫队成员在一次未遂政变中占领了议会大厅。他们声称得到了国王的支持，但很快国王身着西班牙武装部队总司令的制服出现在电视上，重申他对君主立宪制的信念，帮助挫败了试图恢复独裁统治的势力。国民警卫队成员们的政变不仅失败了，而且巩固了胡安·卡洛斯的地位：在政变之

上图：2012年，世界自然基金会（WWF）西班牙分会名誉主席胡安·卡洛斯（右）在博茨瓦纳（Botswana）的狩猎旅行中，在一头死去的大象面前合影。

前，全社会对君主制的支持还很有限，但胡安·卡洛斯关于这一事件的处理方式有助于提高君主制受欢迎的程度。

在整个20世纪80年代和90年代，胡安·卡洛斯是世界上最受欢迎的立宪君主之一，但在新千年，他的吸引力开始减弱，特别是在西班牙国内。2012年，西班牙陷入严重的经济衰退，失业率高达23%（年轻人的失业率接近50%），国王去博茨瓦纳的猎象行为被认为是明显的脱离群众。虽然这次旅行不是胡安·卡洛斯公务的一部分，而且费用是由一位朋友支付的，根据西班牙全国性报纸《国家报》（*El País*）估计，这次旅行的总费用为44000欧元，大约是当时西班牙国民平均年薪的两倍。

此外，人们还发起了一项请愿，要求国王辞去世界自然基金会（WWF）西班牙分会名誉主席的职务。在几个月内，世界自然基金会西班牙分会以226票对13票的表决结果，解除了国王的名誉主席职务。他后来为这次旅行道了歉。

手球运动员

同年，胡安·卡洛斯的女儿克里斯蒂娜（Cristina）和她的丈夫、前手球队队员伊纳基·乌丹加林（Iñaki Urdangarín）开始爆出腐败丑闻。乌丹加林被指控通过他的非营利机构努斯（Nóos）研究所挪用公款、妨碍司法公正、弄虚作假和洗钱。努斯研究所是一家非营利性机构，据称向地区政府收取虚高的休闲活动费用。

尽管乌丹加林努力减少损失，但到了第二年，调查范围扩大到了克里斯蒂娜，并在2014年宣布她将因税务欺诈接受审判。克里斯蒂娜持有艾族（Aizoon）房地产公司的半数股权，该公司是与她丈夫共同成立的一家房地产公司，但据称被他们当作输送努斯研究所资金的渠道。这一丑闻导致克里斯蒂娜和乌丹加林被王室排挤在外。

事实上，当这对夫妇在2004年以600万欧元的价格在巴塞罗那买了一套公寓时，他们的财务交易已经引起了人们的关注。克里斯蒂娜在西班牙巴塞罗那储蓄银行的工作年薪约为9万欧元，而乌丹加林在结束手球生涯后的收入情况

上图：2016年，克里斯蒂娜公主成为近代以来第一位受审判的西班牙王室成员。

却鲜为人知，因此有人质疑他们是如何负担得起这套房子的。后来他们承认，胡安·卡洛斯借给他的女儿120万欧元作为房产抵押贷款。

在这种情况下，随着人们对国王自己的私人财富来源的质疑，2014年6月，胡安·卡洛斯宣布自己即将退位，由他46岁的儿子费利佩继承。这位76岁的国王在提到英国王室时说："我不希望我的儿子像查尔斯王子那样等到老。"

值得注意的是，克里斯蒂娜和乌丹加林都没有出席费利佩的加冕仪式，此后费利佩也没有公开支持他的姐姐。2015年，克里斯蒂娜被剥夺了马略卡岛帕尔马公爵夫人的头衔，这意味着乌丹加林此时也失去了贵族身份。

针对克里斯蒂娜、乌丹加林和其他人的法律诉讼过程漫长而拖沓。2016年3月，克里斯蒂娜出庭否认自己是逃税的从犯，也对她丈夫的财务状况不知情。她说，她丈夫负责处理夫妻俩的财务，她不知道为什么一些大额的个人开支会被记入夫妻俩拥有的一家公司的信用卡。如果罪名成立，克里斯蒂娜可能会面临短期监禁，而乌丹加林则可能会面临长达20年的监禁。

第九章

瑞典王国的克里斯蒂娜女王：性取向问题

瑞典女王克里斯蒂娜（1626—1689）出生在斯德哥尔摩城堡，她是国王古斯塔夫·阿道夫二世（Gustavus Adolphus II）和他的妻子玛丽亚·埃莉奥诺拉（Maria Eleonora）王后的第四个也是唯一幸存的孩子。此后，她的性取向一直备受争议。她一出生就被认为是男性，但后来才意识到这是一个错误。这个错误是如何产生的，过去是一个谜，现在仍然是一个谜。

左图和上图：瑞典王国的克里斯蒂娜女王，是英雄国王古斯塔夫·阿道夫二世的继承人，按照她父亲所希望的作为王子长大。她讨厌有女人味的东西，不喜欢女人，并特别注重像男人一样穿衣、打手势和骂人。

　　有可能是克里斯蒂娜出生时生殖器出现了某种畸形，使她看起来像是男性。不管是什么原因，克里斯蒂娜的性取向在她的一生中都是模棱两可的，后来有人说她是雌雄同体、双性恋或者完全的女同性恋。在外表和举止上，她的确是男性化的，像男人一样坐着、骑着、走着、说话、打手势和说脏话。她也是一个厌恶女人的人。

鄙视自己的性别

　　克里斯蒂娜后来写道："当我还是个小女孩的时候，我对女人的一切言行都有一种强烈的厌恶感。我无法忍受她们紧身的、过分讲究的衣服。我不关心我的肤

上图：克里斯蒂娜的父亲古斯塔夫·阿道夫二世是一位令人钦佩的勇士国王，他被称为"北方雄狮"。

上图：在"三十年战争"期间，古斯塔夫国王在一次战役中率领骑兵冲锋时被杀。

色、我的身材或者我的其他外表……我鄙视一切与我性别有关的东西。"

　　克里斯蒂娜在与生活中"女性化"的一面保持距离的同时，并不满足于做一个假小子。小时候，她每周学习6天，每天学习12个小时。她声称，在早上4点起床开始一天的工作之前，她的睡眠时间不超过4个小时。15岁时，克里斯蒂娜已经能够以5种语言——法语、德语、意大利语、西班牙语和拉丁语说话和写作，这是她那个时代的通用语言。她博览群书，把古代历史上的伟人作为自己心目中的英雄，如亚历山大大帝和恺撒大帝。克里斯蒂娜学习之余的任何时间都用来进行剧烈的运动，她最喜欢的运动是骑马和猎熊。

坚定的性格

　　克里斯蒂娜的父亲特别要求她接受这种严格的、意义深远的教育，尽管这种教育通常只限于男性王子。克里斯蒂娜对这种教育很感兴趣。她拥有惊人的智慧和充沛的体力，她喜欢挑战。有人说她对文学、政治、哲学、历史等"非女性"学科感兴趣，认为她"不正常"，但她一点也不在乎。对她来说，最有趣的是古代世界。

克里斯蒂娜的父亲特别要求她接受这种严格的、意义深远的教育，尽管这种教育通常只限于男性王子。克里斯蒂娜对这种教育很感兴趣。

克里斯蒂娜如此坚定地、顺其自然地走自己的路，也是一件好事，因为她早年的生活环境促使她迅速成熟，并在很小的时候就承担起继承瑞典王位的责任。1632年，克里斯蒂娜的父亲古斯塔夫国王在"三十年战争"中战死，从此，5岁的克里斯蒂娜成为瑞典女王。她的母亲玛丽亚·埃莉奥诺拉本来就有歇斯底里的倾向，在丈夫英年早逝后更是陷入了悲痛欲绝的状态。她对克里斯蒂娜非常依恋，并强迫克里斯蒂娜与她一起过着悲苦的生活，并要求克里斯蒂娜表现得像她一样悲伤。

王室的居室被黑色的窗帘和帷幔遮盖得一片漆黑；窗户也被遮盖得严严实实，没有阳光可以照进来。牧师们整日整夜地进行祈祷和布道。玛丽亚·埃莉奥诺拉坚持让她的女儿睡在她的寝宫里，那里放着一个装有她已故父亲心脏的匣子。

克里斯蒂娜永远不会忘记这段可怕的经历，在这三年内她一直被情绪不稳定的母亲所控制。后来，这使克里斯蒂娜对瑞典的官方宗教——路德教产生了厌恶之情，在她看来，路德教充满了阴暗和对罪恶的迷恋。她在9岁的时候，就已经开始质疑德教的教义，而且，正如她后来写的那样，她自己思考，自己做决定。当她还是个孩子的时候，她就证明了自己能够以一种远远超出她年龄的自信来履行王室职责。她还有一种帝王的个性和庄重的举止，赢得了她的大臣的尊重。

右图：克里斯蒂娜女王在画像中经常穿着女性的衣服，梳着女性的发型。在现实生活中，她更喜欢男性服装，腰间佩有一把剑，梳着短发。

虽然古斯塔夫·阿道夫国王任命了五位摄政王来处理政府的日常事务，但克里斯蒂娜在13岁时就已经参加了议会会议，并熟悉了王室在政府中的角色。不仅如此，她还坚信自己是上帝指派来统治瑞典的，而且不是作为一个在位的女王，而是作为一个国王。克里斯蒂娜甚至梦想着自己能像她父亲那样带领她的军队上战场。

计划好的成长之路

尽管克里斯蒂娜非常早熟，而且对一切"女性化"的东西都很反感，但人们还是希望她能结婚并生下继承人，而她的丈夫要么和她一起统治，要么代替她统治。1630年，当克里斯蒂娜只有4岁的时候，她的婚礼计划就已经被提上日程了。她的未婚夫——她的表兄腓特烈·威廉（Friedrich Wilhelm）——才11岁。这场婚姻失败了，两年后，丹麦国王克里斯蒂安四世（Christian IV）的儿子乌尔里希大公（Archduke Ulrich）与她的联姻也失败了，他比克里斯蒂娜大了大约15岁。然而，正如她后来透露的那样，克里斯蒂娜并不想嫁给任何人，她拒绝考虑与丈夫分享她的王室权利。

然而，在她16岁的时候，她对她那英俊潇洒、黑眼睛的表兄卡尔·古斯塔夫（Karl Gustav）产生了强烈的"好感"，他是茨维布吕肯-克莱堡的享有王权的伯爵约翰·卡西米尔（Johann Kasimir）的儿子。卡尔·古斯塔夫和克里斯蒂

克里斯蒂娜并不想嫁给任何人，她拒绝考虑与丈夫分享她的王室权利。

左图：卡尔·古斯塔夫骑在马背上，摆出17世纪画家最喜欢的军事姿势。卡尔是克里斯蒂娜的表兄，在她于1654年退位后继承了她的王位。

她对瑞典议会说："我现在告诉你们，我不可能结婚。我对此绝对有把握……"

娜小时候是亲密无间的朋友，但当友情转化为爱情时，对她来说，这更像是一次感情上的冒险，而不是一场爱情。克里斯蒂娜似乎很喜欢这种秘密会面，喜欢用密码写下充满激情的纸条，喜欢"永恒的爱"和"至死不渝"的宣言，但她小心翼翼地没有让自己太沉迷，也没有做出任何承诺。

在1644年，当克里斯蒂娜年满18岁，即成年时，她的摄政委员会被解散。没有任何迹象表明王室婚姻即将来临。卡尔·古斯塔夫在满怀希望中又过了5年，但1649年赐予他的奖赏不是女王的手，而是一个非凡的奖励：克里斯蒂娜宣布，她任命卡尔·古斯塔夫成为她王位的正式继承人。当然，其内涵是毋庸置疑的。在向震惊的国会宣布了这一消息后，克里斯蒂娜用语气严厉的措辞把这一训令讲得非常透彻。

她对瑞典议会说："我现在告诉你们，我不可能结婚。我对此绝对有把握……我的性格根本不适合结婚。我曾恳切地向上帝祈祷，希望我的性格和取向能够改变，但我就是不想结婚。"

不合适的原因

然而，对克里斯蒂娜来说，"处处留情"也是一种选择，她不时地用她的怪异行为制造丑闻。例如，在1645年，她开始与形形色色的冒险家交往，甚至爱上了其中的一个，马格努斯·加布里埃尔·德拉加迪伯爵（Count Magnus Gabriel de la Gardie）。马格努斯兼有法国和瑞典血统，是个英俊迷人的花花公子，他的父亲曾是古斯塔夫·阿道夫国王的心腹。然而，他是一个爱慕虚荣的人，而关于女王疯狂地爱着他的谣言增加了他的吸引力。马格努斯成为女王卫队的队长和驻法国的特别大使。他乘坐一辆特制的金银马车前往巴黎，随行的有300多名随从和一个奢华的开支账户，这让他在短短几年内就变得富有。然而，马格努斯却像他的王家情妇一样任性和奢华，女王不得不一直为他还债，直到他们的关系在1651年结束。

与此同时，克里斯蒂娜似乎已经开始了新的生活，进入了另一段极具争议的恋情。她和她的一个侍女，漂亮的埃巴·斯帕里（Ebba Sparre），形成了亲密的关系，女王称她为"贝尔"（Belle）。贝尔与克里斯蒂娜性格截然相反——女王比较坦率，心直口快，她却显得很胆小，对学习知识也没有任何的兴趣，她的羞怯和"女性化"的特点，是克里斯蒂娜不喜欢的。在这一段关系中，她显然是比较强势的一方。克里斯蒂娜和贝尔经常睡在同一张床上。当女王告诉古板的英国大使布尔斯特罗德·怀特洛克（Bulstrode Whitelocke），贝尔的"内在和外表一样美丽"时，她让他感到很尴尬。大使震惊得耳朵都红了。

尽管备受争议，但放任自己的喜好和异常的性取向行为通常还不会严重到危及王位或君主的地步。克里斯蒂娜的其他一些行为也不是很严重，如通过出售贵族头衔来解决财政危机或维持奢侈的生活方式。不太容易被接受的是克里斯蒂娜长期以来表现出的对罗马天主教的兴趣，这在瑞典路德教会是非法的。然而，到1651年，她已经开始计划改变信仰，她清楚地知道，作为一个天主教徒，她不能继续当瑞典的女王。相反，她将不得不退位。当克里斯蒂娜宣布她的决定时，瑞典议会一片哗然，但无论大臣们怎么唠叨、乞求或恳求都无法使她改变主意。

退位后，克里斯蒂娜越过边境进入丹麦，她化身为她的一个同龄人——克里斯托夫·冯·多纳伯爵（Count Christophe von Donha），多纳伯爵大约27岁，与前女王年龄相仿。她把裙子换成了长裤，装成男人的样子，向西走去，准备去罗马。此后，她很少穿女装，经常剪短头发，腰间佩有一把剑。

左图：位于斯德哥尔摩北部的乌普萨拉城堡（Uppsala Castle）始建于1549年，后来发生了几起重要的王家事件。其中之一是1654年克里斯蒂娜女王退位。

新身份下的新生活

1654年底，在经过德国并进入西班牙属尼德兰后，克里斯蒂娜在布鲁塞尔的一个私人仪式上被接纳为天主教会教徒。她的新天主教身份随后在奥地利的因斯布鲁克（Innsbruck）得到确认，在那里她被正式接受为天主教徒。1655年，克里斯蒂娜改名为亚历山德拉（Alexandra），这可能是对教皇亚历山大七世（Alexander VII）的一种致敬。

对于罗马天主教会来说，这位曾经的瑞典女王是一个很好的"战利品"，因为在一个多世纪前新教分裂后，罗马天主教会还在努力重新确立自己的地位。这一事件的庆祝活动非常高调，包括敲钟和鸣炮，这使这位极其虚荣、崇尚个人崇拜的前女王非常高兴。此后，她的罗马之旅就像古罗马皇帝的凯旋仪式。在途中，克里斯蒂娜对奢华气派表演的喜爱不断得到满足。一艘镀金的驳船载着带她穿过法拉利附近的波河。一旦进入教皇覆盖范围的领土，她就乘坐教皇亚历山大特别派来的新马车旅行。亚历山大还提供了两张带顶棚的床和配套的扶手椅，一套精美的银质餐具以及一位以使用香料而闻名的顶级厨师路易吉·费德勒（Luigi Fedele）。

1654年底，在经过德国并进入西班牙属尼德兰后，克里斯蒂娜在布鲁塞尔的一个私人仪式上被接纳为天主教会教徒。

12月10日，克里斯蒂娜抵达罗马，受到了教皇的私下接见。一个女人被允许在梵蒂冈过夜是不寻常的，但教皇为这位前女王准备了一套位于风之塔顶部的漂亮房间，以此授予前女王一种独特的荣誉。这些房间用绸缎、锦缎、花边和刺绣进行装饰，在房间可以看到城市的壮丽景色。所有的墙壁上都绘有壁画。

一位女王的退位

克里斯蒂娜的退位仪式于1654年6月6日在乌普萨拉城堡的大礼堂举行。然而，当克里斯蒂娜命令摘掉她头上的王冠时，没有人站出来执行这一任务。最后，她的两个朝臣接过了王冠，并把它放在一个天鹅绒垫子上。之后，她的礼服被取下放在一边，直到她只穿了一件简单的白色衣服。当天上午，克里斯蒂娜指定的继承人卡尔·古斯塔夫被加冕为国王。几天后，克里斯蒂娜骑马奔向丹麦边境，没有正式的告别，没有仪式，也没有遗憾。她身边只有4个随从。克里斯蒂娜唯一舍不得离开的人是埃巴·斯帕里，即"贝尔"，但她并不在随从中。

上图：1655年，克里斯蒂娜实现了她皈依罗马天主教的夙愿，在这里可以看到她正在接受教皇亚历山大七世的祝福。

文艺复兴时期的家

在梵蒂冈住了几天后，克里斯蒂娜搬到了一个更固定的地方——法尔内塞宫，这是罗马最可爱的宫殿之一，部分由米开朗琪罗设计，是文艺复兴时期建筑的一个华丽典范。房间里装饰着壮观的绘画、雕塑和挂毯，还有一个模仿西斯廷教堂建造的彩绘画廊，也由米开朗琪罗装饰。

她暴露出人的身体的某些部位，而这些部位通常出于文明礼仪而被隐藏起来……当被问及此事时，克里斯蒂娜宣称她不会被"为神父制定的规则"所束缚。

不幸的是，克里斯蒂娜的举止常常很粗鲁，她可能是一个令人尴尬的客人。例如，在法尔内塞宫，她暴露出人的身体的某些部位，而这些部位通常出于文明礼仪而被隐藏起来：她把一些画作上的无花果叶子和精心布置的帷幔拿开了。当被问及此事时，克里斯蒂娜宣称她不会被"为神父制定的规则"所束缚。

过于出格

由于这种无礼的态度，克里斯蒂娜很快就成了大家纷纷议论的对象，关于她的种种活动和她的惊人本领的流言蜚语大肆泛滥。作为一个女人，她应该是谦虚的、矜持的和纯洁的。但克里斯蒂娜却经常粗鲁无礼、咄咄逼人、野心勃勃。作为一个天主教徒，克里斯蒂娜应该服从上帝和教会，拒绝肉体和魔鬼的诱惑。事实恰恰相反，克里斯蒂娜经常出入剧院，参加一些下流的娱乐活动，并享受肉体的禁忌之乐，她与一众情人一起享受这些乐趣。

据称，其中一个是她的掌马官——吉安 - 里纳尔多·蒙达莱斯基侯爵（Marchese Gian-Rinaldo Monaldeschi），一个意大利小贵族，他是克里斯蒂娜欣赏的那种举止粗鲁的流氓。但他不值得信任，前女王怀疑并指控他向教皇出卖了她在1656年制定的计划，即在法国的军事支持下夺取那不勒斯王国。那不勒斯当时是西班牙的属地，对克里斯蒂娜有双重作用。这个王国可以让她重新获得在瑞典放弃的王权，而她现在非常想念这个王权。那不勒斯也可以帮助她解决多年的财政问题。瑞典财政部给她一笔津贴，但克里斯蒂娜经常发现很难提取到应得的钱财。但真正的问题是，这些钱永远满足不了前女王奢华的生活方式。因此，克里斯蒂娜不得不靠贷款和礼物生活，或者被迫将她从瑞典带来的银盘、珠宝和其他贵重物品典当。

　　蒙达莱斯基的背叛毁掉了她获得那不勒斯的机会，但克里斯蒂娜一直等她到了法国时才开始复仇。她在那里与她的法国盟友密谋实施他们在那不勒斯已经想干的冒险事件。1657年2月10日，前女王住在巴黎附近的枫丹白露，在她的命令下，她的随从杀害了蒙达莱斯基。他的腹部、头部和喉咙都被剑刺穿，整个过程持续时间超过了15分钟。

　　法国人对这起可怕的谋杀案深感震惊，克里斯蒂娜的无情行为更是令他们感到震惊。她为自己的杀戮行为辩护，认为这是一个来自拥有绝对权力的君主的惩罚。

1657年2月10日，前女王住在巴黎附近的枫丹白露，在她的命令下，她的随从杀害了蒙达莱斯基。

左图：这幅由艺术家尼克拉斯·拉弗伦森（Niclas Lafrensen，1737—1807）创作的画作描绘了瑞典王国的克里斯蒂娜女王在退位前探望生病的法国学者克劳德·索梅斯（Claude Saumaise）时，坐在椅子上与"贝尔"一起说笑。

她仍然认为自己是拥有绝对权力的君主，有权对自己的随从进行惩罚。没有人在意她以往的身份权力。这位前女王很快就被巴黎上流社会、王室和教会所抛弃，教皇亚历山大明确表示不希望她回到罗马。克里斯蒂娜还是回去了。她于1658年5月中旬抵达罗马，却发现自己在那里和在巴黎时一样受到排斥。教皇亚历山大对她的归来感到震惊，给克里斯蒂娜捎了一个口信，让她立即离开，不过后来他还是改变了态度。尽管如此，他们之间的关系一直很脆弱。

右图：在欧仁·德拉克洛瓦（Eugène Delacroix，1798—1863）的这幅画中，克里斯蒂娜下达了谋杀蒙达莱斯基的命令。在随后的几个世纪里，这一案件一直让美术家和剧作家们非常感兴趣。

对王权的最后一次角逐

克里斯蒂娜的冒险之旅还没有结束。1668年，她为夺回王权做了最后一次努力，当时她试图获得立陶宛-波兰王位，这是当时欧洲最广阔的国家。波兰的君主制是由选举产生的，克里斯蒂娜有一个充分的理由，因为她所属的瑞典瓦萨家族已经为波兰培养了好几个君主。但从现实来看，她成功的机会不大。她是一个女人，而当时波兰人希望由一个男人来统治。1668年，她已经42岁了，未婚，很可能会一直单身，没有自己的继承人，而且名声不佳，包括关于蒙达莱斯基的丑闻。最后成功的候选人是米哈乌·科雷布特·维希尼奥维茨基（Michael Korybut Wisniowiecki），他于1669年成为立陶宛-波兰国王。他有更好的资历，最重要的是，他是波兰人，也是雅盖洛王朝的后裔，该王朝曾在1386年至1572年间统治了立陶宛-波兰。

上图：英诺森十一世（Innocent XI），这位谨慎的教皇，在1676年后关闭了所有克里斯蒂娜喜欢去的充斥着粗俗和淫乐内容的剧院。

在这次对王权的最后一搏之后，克里斯蒂娜又回到了她对知识的兴趣上。她研究天文学，在里亚里奥宫（Palazzo Riario）建造了一个天文台，并为其配备了两名常驻天文学家。她赞助了考古"挖掘"工作，并在1670—1671年开始写一本格言书。她还进入了戏剧界，雇用了一群演员，并成功地上演了几部戏剧，这些戏剧都因其粗俗的内容而闻名。随后，她又建立了托尔德诺那（Tordinona）剧院，这是罗马最早的歌剧院之一，并建立了文学和哲学学院。不久之后，里亚里奥宫成为罗马文化和知识活动的中心。但并不是所有人都赞同她的行为，一些比较保守的教皇似乎认为剧院和罪恶是同义词。克里斯蒂娜的剧院和其他剧院，无论是淫秽的还是其他类型的，在1676年之后都被关闭了，因为一位更加谨慎的新教皇——英诺森十一世登基了。

上图：克里斯蒂娜（左）与法国哲学家和数学家勒内·笛卡尔（René Descartes，指文件者）见面，他是17世纪最伟大的思想家之一。

和平的死亡

在克里斯蒂娜被寂静主义（一种基督教神秘主义的沉思形式）吸引后，她又与英诺森擦肩而过。1687年，在其主要倡导者米盖尔·德·莫利诺斯（Miguel de Molinos）被天主教会判定为异端后，寂静主义成为一种危险的兴趣。

寂静主义的消极、隐忍似乎与克里斯蒂娜生活的动荡以及她性格中典型的狂热和自我中心格格不入。然而，1689年4月19日，她在罗马因发烧去世前，她对自己葬礼的指示就明显地受到了寂静主义的影响，认为葬礼应是"一个私人的事件，不要有特别的仪式"，"不举行隆重的仪式、展示遗体或其他没有意义的活动"。另一个要求更像是专横的克里斯蒂娜自己提出的，这位女王对自己的了不起有一种强烈的感觉：她要求在罗马的圣彼得大教堂特别任命三位新的特遣神父，负责为她的灵魂安宁做2万场弥撒。

伤心欲绝的红衣主教德西奥·阿佐利诺（Decio Azzolino）自己也快死了。在

上图：这幅18世纪的雕版画不准确地描绘了克里斯蒂娜死后一个世纪的时尚，但它确实说明了她对科学的兴趣和对智力活动的热情。

克里斯蒂娜临终前的最后一夜，他一直在她的床边守候。尽管他很清楚她不希望在葬礼上大费周章，但他还是不忍心让她安静地离开。相反，阿佐利诺提议举行一次公开活动，让克里斯蒂娜以符合其王室身份的盛大方式去往另一个世界。教皇同意了这一要求，克里斯蒂娜的尸体经过防腐处理后被安放在里亚里奥宫供人们瞻仰。她身穿绣有花朵的白色缎子长袍，披着饰有金币的貂皮紫色斗篷。她的头上戴着一顶小银冠，手里拿着一根银质的权杖。一个银色的面具遮住了她的脸。她看起来很华丽，这也满足了悲伤的阿佐利诺所想要的样子。

一个真正的朋友

幸运的是，克里斯蒂娜在1656年结识了她的牧师红衣主教德西奥·阿佐利诺，他比她过去的一些朋友要真诚得多。阿佐利诺与这位前女王保持着热情而又柏拉图式的关系，在女王经历了种种磨难之后仍然对她忠心耿耿，并为她的公共关系的改善做出了很大贡献。正是阿佐利诺为她找到了一栋迷人的文艺复兴风格的别墅——里亚里奥宫，当时罗马的大多数贵族地主都不想和她有任何关系。他持续引导克里斯蒂娜的日常生活走向正派，赶走了她身边那些无赖的马屁精和其他谄媚者。相反，阿佐利诺雇用了可靠的仆人和工作人员，其中许多是他自己的亲戚。在他的敏锐目光下，这些人不太可能对前女王产生不正当的影响。

虔诚的修士

当地民众怀着肃然敬畏的心情走过克里斯蒂娜的灵柩时，加尔默罗修会的修士们在一旁看守着。四天后，她被带到了罗马附近的瓦利齐拉（Vallicella）的圣玛丽亚教堂。在那里，在300个火把的照耀下，数百名修士和其他教会人士以及整个红衣主教团为她举行了安魂仪式。只有阿佐利诺缺席，因为他身体太虚弱了，不能参加。

　　之后，在红衣主教、外交官、学者和艺术家的注视下，克里斯蒂娜被安葬在宏伟的圣彼得大教堂，这对于一位女性来说是一项罕见的荣誉，对于一位曾坐上王位的女性来说也是独一无二的。阿佐利诺在克里斯蒂娜去世七周后就去世了，他非常明白克里斯蒂娜想要的庄严和敬畏。这就是为什么他为她举办的这场活动完全符合她的要求，也是一个合适的告别。

瑞典瓦萨王朝的国王埃里克十四世 (1533—1577)

　　1560年成为瑞典瓦萨王朝国王的埃里克十四世（Erik XIV），被教育成一位真正的文艺复兴时代的王子，他是那个时代理想的博学之人。埃里克研究地理、历史和政治思想。他会弹诗琴，创作自己的音乐，还会说好几种语言。

上图：瑞典瓦萨王朝国王埃里克十四世于1567年与他的情妇卡琳·蒙斯多特（Karin Månsdotter）结婚，她是一个普通的狱卒的女儿。第二年，卡琳成为贵族成员并被加冕为王后。

然而，埃里克也拥有一个与学术研究完全相反的特征——他的野蛮劲儿。他的父亲瑞典国王古斯塔夫·瓦萨，也有类似的失控倾向：他有暴力、狂躁的狂暴行为。这种复杂性和野性的混合产生了一种奇怪的心态：埃里克决心使瑞典成为欧洲东北部波罗的海地区的主导力量，但他却因为出身于瑞典的一个小贵族家族而感到处境不利。

这使他产生了一种自卑感，并使他担心会有另一个类似的贵族家族取代自己的家族。结果，埃里克变得疑神疑鬼，怀疑宫廷里的每一个贵族都在密谋反对他。埃里克对于什么是阴谋有着奇怪的想法。任何人只要清一下嗓子，说几句悄悄话或者咳嗽一下，就会被他怀疑。此外，埃里克经常手持宝剑，在宫殿的走廊上巡逻，寻找任何衣着光鲜的朝臣、侍从或仆人，在他紊乱的思维中，这些人打算勾引他宫中的女士们。

古怪的幻想家

到1567年，埃里克变得越来越古怪，无法将幻想与现实区分开来。他突然下令逮捕了几个贵族，并将他们判处死刑。他监禁了斯万特·斯图雷（Svante Sture）和他的儿子尼尔斯（Nils）——他们属于一个曾经统治过挪威的家族——并在乌普萨拉城堡的牢房里将尼尔斯刺死。后来，在尼尔斯的父亲去世后，埃里克悔恨交加，为斯图雷夫妇举行了隆重的葬礼。

最终，在1569年，埃里克被废黜，并因其罪行而受到审判。他被判定有罪，他的妻子卡琳和他们的孩子也一起被监禁起来，而他的同父异母兄弟约翰则取代了他的国王地位。在监狱中，埃里克一直担心被暗杀，最终，在1577年，他的担心成了现实。他被混在一碗豌豆汤中的毒药所杀——但是一份公告表明他是"在长期患病后"死亡的。

血友病：
王室的疾病

当血友病首次出现在英国王室时，就好像《圣经》中的
第十次瘟疫袭击了汉诺威家族一样。如果耶和华访问古
埃及人时杀死他们的长子这个传说是真的，那血友病比
这更糟糕，因为这种使血液无法正常凝结的致命疾病也
可能袭击年幼的儿子，并隐藏在女儿的基因中，随时准
备传给他们的后代。

左图：俄国沙皇尼古拉二世（Nicholas II）与他的患有血友病的儿子阿列克
谢·尼古拉耶维奇（Alexis Nikolaevich）。
上图：英国维多利亚女王（中间坐者）和她的家人。维多利亚的许多后代都患
上了血友病。

血友病在维多利亚女王和她的丈夫萨克森 - 科堡 - 哥达王朝的阿尔伯特亲王（Prince Albert）的家族中潜伏了一段时间，直到他们的第四个也是最后一个儿子利奥波德（Leopold）于1853年出生后，才得以发现。三年后，利奥波德被诊断出患有血友病。他的哥哥威尔士亲王爱德华（Edward，1841年出生）、阿尔弗雷德王子（Alfred，1844年出生）和亚瑟王子（Arthur，1850年出生）都躲过了这种折磨。然而，直到维多利亚的子女结婚后才有人知道，维多利亚的五个女儿中有三个——维多利亚公主（Vicky）、爱丽丝公主（Alice）和比阿特丽斯公主（Beatrice）——是这种疾病的携带者。这三位公主都嫁给了欧洲的王子，结果就是血友病基因被带入了几个欧洲王室，许多王室后裔都因此遭受了残酷的痛苦。

上图：利奥波德王子是维多利亚女王和阿尔伯特亲王的第四个也是最小的儿子，他认为血友病毁了他的生活。

毁灭性的遗传

利奥波德的血友病更令人担忧，因为它的病因不明。维多利亚的家族和阿尔伯特亲王的家族都没有这种疾病的病史，而且当时的医学知识也不足以解释这个谜团。不过，这个问题也有可能是自发产生的。维多利亚女王可能从她的父母之一那里继承了血友病的缺陷基因，可能是她的父亲爱德华——肯特公爵，国王乔治三世（George III）的第四个儿子。后来的研究表明，这种基因及其在 X 染色体上的突变在年龄较大的父亲身上更为常见：在1819年，未来的维多利亚女王出生时，公爵已经51岁了。

血友病的可怕后遗症很快就显现出来，因为它可以使原本轻微的儿童疾病变得致命。这就是1861年利奥波德王子感染麻疹时差点发生的事情。亚瑟王子和比阿特丽斯公主也感染了麻疹，虽然他们俩从这波感染中挺过来了，也没有受到那么严重的影响，但是利奥波德却差点死了。这位8岁的王子通过自身的康复机能成功地活了下来，并且这一次，他的恢复能力超乎了人们的想象。

大出血

但情况并非总是如此。利奥波德王子经历了几次死里逃生，最终在1884年，也就是他31岁生日的前10天，被一场大出血夺去生命。导致他死亡的是他在几周内第二次受伤的膝盖。他的生命在24小时内迅速结束。如果是其他正常人，膝盖受伤后可能会有一段时间膝盖青肿，走路一瘸一拐，但很快就不会在意伤口了。而利奥波德必须时刻意识到他所处的危险，他认为血友病已经毁了他的生活。

如果利奥波德是个智障，对生活没有什么热情，他的问题可能就会少一些。但是，像他的父亲阿尔伯特亲王一样，利奥波德智力超群，思维活跃，勇于探索，这使虚弱的身体成为他的一大阻碍。为了过上他渴望的正常生活，利奥波德不得不冒险。他还需要反抗他意志坚强的母亲。尽管维多利亚一再试图用过度管制来保护他，利奥波德还是成功地逃到了大学，过起了正常人的生活，结了婚并生了孩子。维多利亚很满意，但也很惊讶，因为她原以为血友病会让利奥波德不可能有孩子。

对于一个血友病患者来说，利奥波德的成就是一个重大的成功范例。尽管如此，他始终意识到笼罩在他们头上的现实阴影。他甚至告诉他的姐姐黑森-达姆施塔特大公夫人爱丽丝，她3岁的儿子在1873年的一次事故中死亡是一种因祸得福：这个孩子——弗雷德里克·威廉（Frederick William），是另一个血友病患者。利奥波德告诉爱丽丝，他从窗户上摔下来后的死亡使他免去了一生的痛苦和不幸。

7年前的1866年，爱丽丝的姐姐、普鲁士王储妻子维多利亚，也失去了一个儿子——西吉斯蒙德（Sigismund），当时他还不到2岁。维多利亚的另一个儿子、也是最小的儿子瓦尔德马（Waldemar），于1879年去世，年仅11岁。这两名男孩的死亡都是由感染引起的——脑膜炎和白喉——但这两个男孩都是疑似血友病患者，这很可能加速了他们的死亡。

利奥波德智力超群，思维活跃，勇于探索，这使虚弱的身体成为他的一大阻碍。为了过上他渴望的正常生活，利奥波德不得不冒险。

忧郁的俄罗斯沙皇皇后亚历山德拉（Alexandra）与她的儿子皇储阿列克谢在一起，她因内疚而生病，因为她"让"儿子患上了血友病。

在这个时期，婴儿或儿童时期的死亡很常见。在19世纪的生活中，大户人家的一个或多个孩子通常会过早死亡——死于事故、疾病（尤其是传染病）或不卫生的生活条件，这是一个比较严峻的现实问题。这也是日常生活中一个令人悲伤的事实。即便是生活条件最好的王室也不能幸免于难，因此，当维多利亚和爱丽丝在哀悼他们的小儿子时，她们把血友病看作是对生存的另一种威胁。然而，对于王室来说，血友病并不是一种普通的疾病，因为血友病侵入他们的血统可能意味着王朝的灾难。

即便是生活条件最好的王室也不能幸免于难，因此，当维多利亚和爱丽丝在哀悼他们的小儿子时，她们把血友病看作是对生存的另一种威胁。

一个持续的诅咒

直到爱丽丝公主、维多利亚公主和维多利亚女王去世，王室下一代的女儿们都有了自己的孩子，这场灾难更广泛的影响才变得清晰起来。血友病诅咒了霍亨索伦（通过维多利亚）和黑森-达姆施塔特（通过爱丽丝）的王室。接下来，它以毁灭性的力量出现在俄罗斯的罗曼诺夫家族和西班牙的波旁王朝，因为维多利亚女王的一个外孙女嫁给了俄罗斯沙皇尼古拉二世，另一个外孙女嫁给了年轻的西班牙国王阿方索十三世。

尼古拉的妻子是黑森-达姆施塔特的亚历山德拉公主，她是爱丽丝公主的第四个女儿。尼古拉和亚历山德拉于1894年结婚，就在尼古拉成为俄罗斯的沙皇后的三个多星期。两人都知道爱丽丝是血友病的携带者，而且亚历山德拉的姐姐伊雷妮（Irene）在1889年生下了一个患有血友病的儿子瓦尔德马王子。值得注意的是，瓦尔德马活到了50多岁，于1945年去世。但伊雷妮的三个儿子中的另一个，血友病患者海因里希（Heinrich），就没有那么幸运了。1904年，年仅4岁的他在一次跌倒中撞伤头部后去世。

10年的婚姻过去了，尼古拉和亚历山德拉自己却面临着厄运，给皇室留下了可怕遗产。他们的前四个孩子都是女儿，第五个孩子是他们唯一的儿子，即1904年出生的沙皇皇储阿列克谢。阿列克谢患有血友病的事情在他出生六周后变得很明显，当时他的肚脐处开始出血，出血持续了三天才停止。后来，每当阿列克谢摔倒或绊倒时都会因为皮下出血而遭受不寻常的瘀伤，以及因偶然受伤而导致的内部出阿列克谢患有血友病的事情在他出生六周后变得很明显，当时他的肚脐处开始出血，出血持续了三天才停止。

血或关节出血的可怕痛苦。尼古拉和亚历山德拉为此心烦意乱。然而，这不仅仅是一场家庭悲剧。一个患病的皇室继承人可能是俄罗斯皇室里发生的最糟糕的事情，因为随着民众的骚乱和对杜马或议会的要求，以及更有代表性的政府不断削弱尼古拉的独裁统治，他的皇位变得脆弱了起来。亚历山德拉是一个忧郁、悲观的人，她开始拼命祈祷，一连几个小时。她知道是自己把疾病遗传给了她的儿子，因此心里充满了愧疚。她的心脏开始出现问题，并患上坐骨神经痛，同时还出现了一系列今天可能被称为"由心理负担导致"的症状。

在她极端的，甚至是强迫性的焦虑状态下，亚历山德拉变得过度保护儿子。她雇佣两名水手到处跟踪他，防止他伤害自己，他的血友病被当作一个可怕的家庭秘密。医生、仆人、皇室成员和其他任何可能知道或猜测出问题的人都被禁止谈论此事。尽管如此，还是有一些谣言，因为事实证明，当阿列克谢因流鼻血而差点死掉，或因一次轻微摔倒而需要在床上连续躺上几个星期时，这个秘密就不可能被保守下去了。

拉斯普京和罗曼诺夫家族

然后，在1905年，一个来自西伯利亚的名叫格里高利·拉斯普京（Grigori Rasputin）的圣教士，或称长老，来到了圣彼得堡的皇宫。他们认为圣教士具有非凡的治疗能力，可以通过祈祷治愈疾病。贵族家庭也经常会在家中请一位这样的农民神秘主义者以备不时之需，这并不罕见。对亚历山德拉来说，拉斯普京是她祈祷得到的回

右图：格里高利·拉斯普京，在明显使阿列克谢从流血的阵痛中恢复之后，沙皇的皇后亚历山德拉给了他非凡的权力。

应，因为他似乎有能力治愈皇储，即使他的血友病威胁到他的生命，而他的医生已经放弃了。1905年，皇储阿列克谢身患重病，腿部肿胀，痛苦不堪。一夜之间，拉斯普京让这个男孩恢复了健康，尽管没有人看到，甚至没有人能够猜到他是如何实现这个"奇迹"的。

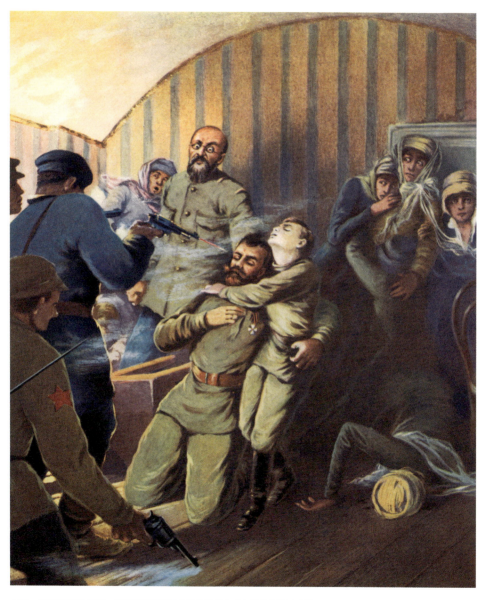

上图：1918年7月17日，沙皇和皇后以及他们的孩子在叶卡捷琳堡被秘密处死。

拉斯普京掌权

从那时起，尼古拉和亚历山德拉就成了拉斯普京的忠实信徒，在皇室成员被迫以过分尊敬的态度向沙皇和皇后讲话的时候，后两者允许拉斯普京在他们面前有前所未有的言论和行为自由。亚历山德拉被拉斯普京迷住了，很快就将儿子的生命交给了他，后来他不止一次地"拯救"了他。从此以后，拉斯普京轻松地进入了一个在宫廷中行使政治影响力的位置，并向他的亲信派发重要的职位。1914年俄罗斯加入第一次世界大战后，尼古拉前往前线，留下亚历山德拉掌权。或者至少他是这么想的。没过多久，拉斯普京就架空了沙皇皇后，几乎达到了他在统治国家的地步。

这对罗曼诺夫皇室的一些年轻成员来说太过分了，他们的影响力完全被拉斯普京取代了。1916年，由罗曼诺夫亲王菲利克斯·尤苏普夫（Romanov Prince Felix Yousoupoff）率领的一个团体在圣彼得堡的涅瓦河中对拉斯普京进行了毒杀、枪杀、棍杀，最后淹死了他。尼古拉和亚历山德拉大为震惊。亚历山德拉认为，随着拉斯普京的死亡，她与上帝的联系就被切断了，她的儿子也被抛弃了。她确信，俄罗斯现在是注定要失败的——罗曼诺夫家族也注定要灭亡。

这并不是亚历山德拉的病态幻想。1917年3月15日，拉斯普京死后不到三个月，沙皇尼古拉被迫退位。当时俄国军队发生兵变，因为饥荒爆发了骚乱，亚历山大·克伦斯基领导的新临时政府在圣彼得堡掌权。7个月后，克伦斯基被弗拉基米尔·列宁领导的布尔什维克党推翻，罗曼诺夫家族的命运也随之注定。尼古拉二世的整个家庭被囚禁在西伯利亚的叶卡捷琳堡的一个名为"特殊目的之家"的地方。1918年7月17日，他们被布尔什维克的行刑队枪杀。讽刺的是，最后一个死去的是皇储阿列克谢。

> 亚历山德拉被拉斯普京迷住了，很快就将儿子的生命交给了他，后来他不止一次地"拯救"了他。

西班牙的血友病

在命运多舛的阿列克谢出生前后，人们对血友病的情况有了更深入的了解。当然，仍然没有治愈方法，也没有任何特定的治疗方法，但人们当时已经认识到了这种遗传模式。因此，在1905年，当19岁的西班牙国王阿方索十三世来到英国寻找新娘时，他被人警告说有几位符合条件的英国公主可能带有血友病的"诅咒"。

阿方索看中的是亚瑟王子的女儿帕特里夏公主（Patricia）、阿尔弗雷德王子的女儿萨克森-科堡的比阿特丽斯公主以及维多利亚女王的最后一个孩子巴滕堡的比阿特丽斯公主的女儿维多利亚·尤金妮亚（Victoria Eugenie）。萨克森-科堡的比阿特丽斯公主和帕特里夏公主几乎可以被确定不是血友病基因的携带者，因为他们的父亲没有这种疾病。对阿方索来说，不幸的是，他选择了维多利亚·尤金妮亚，也就是恩娜（Ena），她从母亲那里遗传到了血友病的基因。有证据表明恩娜的母亲比阿特丽斯是一个血友病携带者：她的儿子，另一个利奥波德，患有血友病，后来在1922年死于该病，年仅33岁。

……人们对血友病的情况有了更深入的了解。当然，仍然没有治愈方法，也没有任何特定的治疗方法，但人们当时已经认识到了这种遗传模式。

被毁掉的婚姻

结婚8年之后，恩娜生了七个孩子，西班牙波旁王室只有一个完全健康的继承人，唐·胡安（Don Juan），他出生于1913年，是后来的西班牙国王胡安·卡洛斯的父亲。其他孩子中，有三个是血友病患者，其中唐·海梅（Don Jaime）在1911年3岁时因乳突炎发作而变得又聋又哑。这个可怕的家庭经历破坏了国王

右图：巴滕堡的维多利亚·尤金妮亚公主，也被称为恩娜，是维多利亚女王的外孙女。她从她的母亲比阿特丽斯公主那里遗传到了血友病的基因，和比阿特丽斯公主一样，是血友病基因的携带者。

和恩娜之间的关系。他将精力转向他的情妇和她们为他生的健康孩子；她则热衷于慈善事业。1931年，西班牙国王阿方索在面对西班牙民众更多的民主政治诉求时被迫退位，他不失时机地获得了与恩娜离婚的法律支持。

阿方索和恩娜的婚姻在相互指责和通奸指控的争吵中走向了尽头，对阿方索的指控肯定是真实的。奇怪的是，恩娜多年来一直保持着和解的愿望，但一直没能实现，尽管他们的两个血友病儿子的去世曾经给了他们机会。

不负责任的阿方索

在这些证据面前，阿方索非常清楚自己与恩娜结婚的风险有多大。他的外交部部长、他的家人、恩娜的母亲、恩娜的舅舅爱德华七世国王以及恩娜本人都警告过他。他听到了他们所有人的意见，但却没有听进去。阿方索既有波旁王族的热血，又有年轻人的傲慢无知，他对身材优美的恩娜有着强烈的渴望。他很不负责任地认为，如果他们有足够多的孩子，其中至少有一些孩子可以躲过这种出血性的疾病。

阿方索只能欺骗自己很短的一段时间。他迅速改变了自己的态度，1906年阿方索在马德里与恩娜结婚，1907年他们的第一个儿子小阿方索出生后，他们的婚姻走向了灾难。当小王子接受割礼的时候——这是犹太医生很久以前引入西班牙宫廷的做法——外科医生惊愕地发现，孩子血流不止，持续了几个小时。毫无疑问，这就是血友病。阿方索掉入了沮丧和绝望的深渊。他指责恩娜，指责他的岳母比阿特丽斯，他也指责自己被对英国新娘愚蠢的欲望所驱使。

不过，这并不妨碍国王再次尝试。1908年，恩娜又生了一个儿子，名叫海梅，他非常健康。这时，阿方索振作起来，并说服自己，小阿方索会以某种方式从疾病中恢复过来，就像阿尔伯特亲王曾经希望利奥波德王子会康复一样。

和利奥波德一样，阿斯图里亚斯亲王阿方索聪明伶俐，他的父亲满怀希望地把他招进了西班牙军队的第一王家军团，并计划训练他成为未来的西班牙国王。但是，不管阿方索在长子和继承人的问题上如何自欺欺人，血友病对他家庭的打击已经彻底改变了他对妻子的态度。阿方索十三世的情绪总是变化无常，每当他想到阿斯图里亚斯亲王不能活着继承他的王位时，仇恨、苦闷和愤怒就会吞噬他的心灵。

当西班牙的国王阿方索
十三世被比阿特丽斯、
维多利亚·尤金妮亚和其
他几人警告血友病的危
险时，他不以为然。

在1909年女儿比阿特丽斯出生后，下一个儿子的出生证实了阿方索最黑暗的想象。1910年出生的这个男孩是个死胎，但他也是一个血友病患者。阿方索和恩娜的最后一个孩子冈萨罗（Gonzalo）也是血友病患者，他于1914年出生，在另一个女儿玛丽亚·克里斯蒂娜（Maria Christina）和唐·胡安之后。

试图恢复正常的尝试

就像他们曾经的舅姥爷——英国的利奥波德王子一样，小阿方索和冈萨罗坚持过着积极向上的生活，他们的父亲在1931年退位后，他们就摆脱了王室的束缚，两人都走上了自己的道路。冈萨罗患的血友病似乎没有他哥哥那么严重，他于1934年进入鲁汶大学学习工程学。1934年8月的一天，当冈萨罗和他的姐姐比阿特丽斯开车出去时，他们的车为了避开一个迎面而来的骑自行车的人而紧急转向，撞上了一堵墙。姐弟俩只受了轻伤，但不久之后，冈萨罗开始流血。两天后，他去世了，年仅20岁。

与此同时，当阿方索十三世一家被驱逐出西班牙时，阿斯图里亚斯亲王阿方索被送到了瑞士的一家诊所。事实证明，不可能把他留在那里，他在试图过正常生活时将面临风险。1933年，时年26岁的阿斯图里亚斯亲王阿方索爱上了诊所里的一个同伴，尽管他父亲不同意，但他坚持要和她结婚。1933年6月，在婚礼的前10天，小阿方索被迫放弃了继承西班牙王位的权利。小阿方索的妻子是一个名叫埃德尔米拉·桑佩德罗 - 奥塞霍·罗巴托（Edelmira Sampedro-Ocejoy Robato）的古巴女孩，她并不是一个适合年轻王子的配偶，因为他的父亲仍然希望夺回他的王位。

这对新婚夫妇前往美国，小阿方索本来计划在那里尽情发挥他一直以来对农业的兴趣。但实际上，他完全继承了西班牙王室的淫乱嗜好，到1937年，他的婚姻已经破裂。同年，小阿方索与另一个古巴人结婚，但这段婚姻只维持了6个月就结束了。

作为一个年轻男子，在他的生命即将结束之前，他的生活充满了绝望。于是，小阿方索开始了一系列充满激情的恋爱，并最终与迈阿密夜总会的女侍米尔德里德·盖伊登（Mildred Gaydon）发生了关系。小阿方索也有了再一次进入婚姻的想法。然而，1938年9月的一个晚上，小阿方索在送米尔德里德回家的路上，发生了车祸。被紧急送往医院后，小阿方索好几天流血不止，最终因流血过多而死。当时他31岁。

阿斯图里亚斯亲王阿方索，
阿方索十三世国王和恩娜
王后（在西班牙被称为维
多利亚·尤金妮亚）的第
一个孩子，是西班牙王室
中第一个血友病患者。

一丝希望的曙光

　　血友病使西班牙王室破碎的生活和希望所构成的编年史永远不可能有一个圆满的结局。但至少它的触角没有像阿方索国王担心的那样伸得那么远。多年来，他觉得自己有责任提醒那些想要求婚的人，要注意自己的女儿比阿特丽斯和玛丽亚·克里斯蒂娜，她们可能是这种致命疾病的传播者。许多人听到这一警告后望而却步。这并不奇怪，因为这两个女孩的血友病兄弟的故事现在已众所周知。

　　比阿特丽斯和玛丽亚·克里斯蒂娜都很有魅力，有独特的时尚品位，本来在欧洲社交圈里理所当然地很受欢迎，但她们却被认为是贱民，无缘无故地沦为老处女。不过，随着时间的推移，阿方索国王的态度有所缓和，他允许这对姐妹结婚，但这对于公主来说已经是相当晚了。1935年，26岁的比阿特丽斯嫁给了希维特利-瑟西的亚历山大·托罗尼亚王子（Prince Alexander Torlonioa of Civitella-Cesi）。1940年，29岁的玛丽亚·克里斯蒂娜嫁给了恩里科·马罗内-沁扎诺（Enrico Marone-Cinzano），他是著名苦艾酒公司的成员。因为妻子是王室成员，恩里科被封为马罗内伯爵。玛丽亚·克里斯蒂娜是恩里科的第二任妻

下图：恩娜王后（中间）与她的女儿比阿特丽斯（左）和玛丽亚·克里斯蒂娜（右）。然而，在她们推迟了很久的婚姻之后，比阿特丽斯和玛丽亚·克里斯蒂娜都没有将血友病传给她们的孩子。

子和第一任马罗内伯爵夫人。两个女孩都有了孩子，但都没有遗传血友病。阿方索国王和恩娜王后的其他孙辈也没有。

尽管如此，血友病还是创下了一项可怕的破坏性记录。它总共影响了维多利亚女王后三代人中的大约十六名后裔，毁掉了两个王室家庭，缩短了几个人的生命，让更多人变得悲惨。而且，也许最让人惶恐的是，血友病在王室中制造出了一种恐惧的气氛，他们不知道，也不可能知道这种可怕的疾病接下来会袭击哪里。

比阿特丽斯和玛丽亚·克里斯蒂娜都很有魅力，有独特的时尚品位，本来在欧洲社交圈里理所当然地很受欢迎，但她们却被认为是贱民，无缘无故地沦为老处女。

血友病的简史

血友病被当作一种仅限于男性的疾病，于1803年由美国费城的一位名叫约翰·康拉德·奥托（John Conrad Otto）的医生首次科学地观察和描述。自圣经时代起，这种疾病就被认为是一种神秘的疾病，即使是最微不足道的原因也会导致大量出血。有记录显示，如果男孩过分粗暴地刷洗牙龈，他就可能会不受控制地出血。一个小小的刀伤就可能致命。一个男孩可能会因为在童年的游戏中摔伤膝盖而死去。膝盖、关节或肘部的擦伤可能会引发严重的内出血。

严重损害健康的疾病

血友病患者早期死亡的概率是很高的，即使幸存下来，在血液最终凝固和出血停止之前，他也会忍受痛苦的折磨。这个过程可能至少需要三十分钟，也可能持续几个小时。对于一个正常的男性来说，血液在五分钟后就会在伤口处凝固，或者在更严重的情况下，最多会在十五分钟内凝结。但严重的出血只是令人恐怖的血友病的一部分。血友病对身体系统的损害非常大，很少有血友病患者能逃过严重的关节疾病，比如关节炎，或者另一种危险——贫血，这两种疾病都使他们容易受到感染，如果不是因为他们身体虚弱，他们本可以抵抗感染。

吗啡可以用来减轻疼痛，但它会让人上瘾，而且事实上，当疼痛变得难以忍受时，唯一的缓解方法就是让患者昏倒。当时缺少的是一种科学的治疗方法，但是直到20世纪中叶，治疗方法都还是遥不可及的。在20世纪30年代，人们认为蛋清、花生粉和蛇毒是血友病的潜在治疗方法，真正的有意义的突破性研究要等到大约20年后血友病的病因被发现。

人们发现，在血友病患者的基因构成中，有一条X染色体发生了突变，这导致凝血因子Ⅷ（也被称为抗血友病球蛋白）的缺乏。尽管血友病过去和现在都是不治之症，但这一发现使得1955年后有通过静脉注射凝血因子Ⅷ来控制该疾病的方法。

右图：奥尔巴尼公爵利奥波德王子——维多利亚女王的血友病儿子的棺材，躺在法国戛纳内华达别墅的一个房间里，棺材周围放满了花圈。

第十一章

夺取儿子王位的国王：
罗马尼亚王国的
卡罗尔二世

国王卡罗尔二世（1893—1953）的表亲英国国王乔治五
世称卡罗尔是"一个不折不扣的无赖"。他曾两次被驱
逐出他自己的王国，他的风流行为和三次婚姻成为报纸
上骇人听闻的头条新闻——然而，他最终基本上被人
遗忘，并流亡在外，只有他的两个家庭成员参加了他
的葬礼。

左图和上图：罗马尼亚国王卡罗尔二世是个令人讨厌的家伙，但对女人却非常
有吸引力。他的出轨行为成为整个欧洲报纸的头条新闻。

　　从一开始，罗马尼亚国王卡罗尔二世就没有什么机会成为一个普通人。卡罗尔太像他的母亲玛丽（Marie）了。玛丽是英国维多利亚女王的孙女，是一个充满激情的人，很喜欢做出出人意料的举动。意志坚强的玛丽从不犹豫，在卡罗尔于1893年出生后仅仅5年，她就开始了一系列的风流韵事，一直持续到她生命的尽头。

　　卡罗尔的父亲，罗马尼亚的王储斐迪南（Ferdinand），则与玛丽完全不同。他腼腆、谦逊、意志不坚定，生活在伯伯卡罗尔一世（Carol I）的控制之下，他的伯伯安排他从起床到睡觉的生活细节，玛丽则并不害怕与可怕的国王发生冲突。斐

右图：卡罗尔二世的母亲玛丽王后是维多利亚女王的孙女，和她的儿子一样，喜欢做出离谱的行为。她的情人数不胜数。

迪南严格遵守卡罗尔一世规定的学习制度，在国事场合循规蹈矩，从不参加他伯伯拒绝让他出席的社交生活。

这是艰难的，甚至是残酷的，但是在国王卡罗尔一世的宫廷里，人们通常用敬畏的语气称呼他为"大公"，大家都认为他知道得最多。事实上，卡罗尔一世最了解的是他在1866年当选罗马尼亚大公时，从他的家乡德国带来的严格的纪律、对权威的服从和忠于职守的信条。作为国王，前霍亨索伦-西格马林根王子卡尔·埃特尔认为，他有权不仅对斐迪南本人，而且对斐迪南的儿子实行铁腕统治。这一切从幼儿园就已经开始，国王为小卡罗尔选择了一个英国保姆玛丽·格林（Mary Green），她是一个令人生畏、性格严厉的典例，然后是严厉的家庭教师，他们负责指导小卡罗尔完成严苛的学习计划。

反复无常和神秘莫测

卡罗尔很快就适应了他家庭环境中的许多摩擦——他父亲的软弱、玛丽的不安、他专横的伯祖父、一个充满了国王密探的家庭的紧张气氛和阴谋诡计，已经压抑着对母亲众多情人的愤怒。结果，这个被玛丽认为"极其和蔼可亲"、外向活泼的男孩在小时候就变得任性、多疑、神秘，而且很容易抑郁。

幸运的是，在1913年，卡罗尔的母亲建议他去波茨坦的军事学院学习，并在得到国王的同意后，卡罗尔得以从这种有毒的气氛中解脱出来。卡罗尔很乐意接受军事训练，甚至似乎很喜欢那里盛行的严格的普鲁士式作息。1914年第一次世界大战开始后，他开始服兵役。两个月后，在1914年10月，老国王卡罗尔去世了，在1916年，卡罗尔的父亲，当时的国王斐迪南，做出了罗马尼亚加入对德国的战争这个决定。

秘密的婚礼

作为王储和王位继承人，卡罗尔一直远离战斗——在罗马尼亚首都布加勒斯特，他爱上了被称为兹兹（Zizi）的艾奥娜·兰波琳娜（Iona Lambrino），一位罗马尼亚的贵族，她的家人是宫廷的常客。他想娶她，但这个婚姻是被法律所禁止的：1881年，罗马尼亚脱离奥斯曼帝国独立，卡罗尔一世成为正式的国王后，王

卡罗尔二世和他的第一任妻子艾奥娜·兰波琳娜，也就是兹兹。这场婚姻是贵贱通婚的：当卡罗尔成为国王时，兹兹不会成为王后。但他们的婚姻并没有持续那么久。

室成员被禁止与罗马尼亚平民结婚。

然而，卡罗尔却要起了计谋。他带着兹兹越过俄罗斯边境，与她秘密结婚。这场秘密的婚礼于1918年8月31日在敖德萨附近的一个东正教教堂举行。婚礼结束后，他给父亲发了一封电报，宣布了他们的婚事。在布加勒斯特，大家都很惊愕。斐迪南国王痛哭流涕，恳求他的大臣们给他时间去见卡罗尔，也许能把他从兹兹身边拉开。斐迪南首先将他的儿子判处在霍莱察（Horaitza）接受75天监禁，这是比卡兹（Bicaz）附近山上的一座修道院。为了挽回王室的面子，斐迪南没有提及这桩婚事，他宣称惩罚卡罗尔是因为他在未经允许的情况下离开他的军队指挥部，并跨越俄罗斯边境。

但是在卡罗尔被判入狱之前，必须被说服或施压返回罗马尼亚。卡罗尔和兹兹一起，在俄罗斯的边境上受诱惑上了一列火车，很快就回到了布加勒斯特。从那一刻起，卡罗尔就被要求交出他的妻子。起初，他奋力反抗了，但最后卡罗尔实在撑不住了，就屈服了。1918年9月20日，在结婚三周后，他终于同意解除婚约。情况似乎得到了解决，但让王室松一口气的时间并不长。

争论再起

当兹兹宣布她怀孕时，争论很快又爆发了。这个消息使卡罗尔不再抱怨，他燃起了一股新的热情，这次他要站在兹兹身边，甚至不惜放弃他继承王位的权利。为了表明他的决心，卡罗尔两次试图让自己瘫痪——一次是把自己压在马背下，一次是朝着自己的腿部开枪。不过，此时不是逞能的时候。

1919年，罗马尼亚正受到其邻国捷克斯洛伐克、匈牙利、波兰和南斯拉夫的威胁。卡罗尔这个准备抛弃他的王朝和他的国家的继承人，在这个潜在的危险时刻将两者置于危险之中。然而，罗马尼亚的政治问题在他父亲失败的地方有了结果。邻国匈牙利政府在共产主义革命者获得权力之后下台，罗马尼亚当权派对这一事态发展非常不满，他们入侵匈牙利以阻止共产主义势力进入罗马尼亚的边境。卡罗尔还是一名军官，他不得不离开兹兹，加入他的军团。

卡罗尔的父母充分利用了这个机会。他们确保军事命令使他们的儿子远离布加勒斯特和他的妻子。在接下来的6个月里，卡罗尔被关在一个又一个军营里，同时再次因为被施加压力而屈服。

屈服和再婚

渐渐地，卡罗尔抵抗不住了，直到最后，在1919年圣诞节，他给兹兹寄去了一封她称之为"决裂和抛弃信"的信件。她的儿子卡罗尔·米尔恰（Carol Mircea）于1920年1月8日出生，这封信在她的孩子出生前两个星期送达了她手中。卡罗尔没有打算去看他的儿子。很明显，当他同意与希腊公主海伦（Helen）的包办婚姻时，他已经把他与兹兹的非法、因而不存在的婚姻抛诸脑后了。冲动的卡罗尔在瑞士第一次见到海伦后才一个星期就向她求婚。他的母亲玛丽王后对此非常高兴。她把海伦看成是卡罗尔的救星，天真地认为一段美满的王室婚姻意味着名誉的终身恢复。

1921年3月10日，卡罗尔和海伦在雅典举行了婚礼，但事实证明这场婚礼是

上图：1921年，卡罗尔娶了一位更受欢迎的妻子——希腊的海伦。他们唯一的孩子米哈伊（Michael，右）在7个月后出生。米哈伊是罗马尼亚的最后一位国王。

个错误。这对夫妇没有什么共同语言，10月25日，他们唯一的孩子米哈伊早产，还没来得及稳固他们的感情，海伦就筋疲力尽了。海伦很快就想家了，1922年初，她带着年幼的米哈伊去了雅典。她在那里待了4个月。

当海伦在希腊的时候，她的父亲希腊国王康斯坦丁（Constantine）被流放，她的其他家人也被希腊革命者追杀。最后，当海伦回到罗马尼亚时，她把她的母亲和她最小的妹妹以王室难民的身份也带来了。没过多久，卡罗尔就不由自主地发现，他与妻子已经渐行渐远了。卡罗尔不止一次出轨，甚至在与兹兹·兰波琳娜"结婚"时也是如此，而这一次海伦表现冷淡的最可能原因是，卡罗尔最近和埃琳娜·卢佩斯库（Eleana Lupescu）的交往并不是一时的兴致。

谨慎从来都不是卡罗尔的优点之一，他毫不犹豫地四处炫耀他的新情人。因此，卢佩斯库的性格、血统和个人历史很快就成为八卦新闻和报纸上的热门话题。当然，报道是淫秽的和充满敌意的。

左图：埃琳娜·卢佩斯库，人称玛格达，是卡罗尔一生的挚爱。他们于1923年相识，并在一起生活了30年，直到卡罗尔于1953年去世。

有魅力的个性

　　红头发、绿眼睛的埃琳娜·卢佩斯库，后来被称为玛格达（Magda），出生于1899年，是雅西（Jassy）一位犹太药剂师的女儿。卡罗尔见到她时，她还是罗马尼亚军官扬·塔姆帕努（Ion Tampeanu）中尉的妻子。塔姆帕努后来因卢佩斯库与人通奸而离婚。卢佩斯库对于那些正在努力挽留出轨丈夫的陷入困境的妻子来说，是一个熟悉的危险人物。她既不漂亮也不迷人，但却拥有强大的性吸引力和有魅力的个性，可以轻易地征服容易受影响的男性。当然，卡罗尔是非常容易受影响的。他不可避免地迷上卢佩斯库了，没过多久，卢佩斯库就被诋毁为卡罗尔的"犹太妓女"。这样一来，卡罗尔的政敌获得了推翻他的绝佳机会。

卡罗尔的轻率行为不仅是私生活方面的，在政治方面也有。他疏远了1922年在罗马尼亚掌权的自由党，他威胁说，当他成为国王时，他将取缔该党，并放逐自由党首相扬·布拉蒂亚努（Ion Bratianu）。不仅是布拉蒂亚努，还有他的妹夫和支持者巴尔布·斯特贝（Barbu Stirbey）——玛丽王后最长久的情人，据说巴尔布是她最后一个孩子米尔恰的父亲。

错过了一个机会

对卡罗尔来说，在像布拉蒂亚努这样狡猾的政客面前如此公开地摊牌是一个不明智的举动，而布拉蒂亚努则以一种更微妙、更令人反感的方式进行回击。犹太人在罗马尼亚被极度憎恨，很可能是布拉蒂亚努一手策划的，当时罗马尼亚对玛格达·卢佩斯库的反犹太情绪高涨，并通过她反对卡罗尔。1924年，当卡罗尔的父母出国进行友好访问时，卡罗尔发现自己被摄政委员会排除在外。而通常情况下，他将领导摄政委员会。接下来，布拉蒂亚努指控他的空军部长在为罗马尼亚空军采购新机器的过程中收受贿赂。这直接牵涉到时任空军监察长的卡罗尔。尽管随后的调查证明这位不幸的部长和他的同伙是清白的，但毒药一旦被撒下，就没有解药了。

在布拉蒂亚努很短的时间内的策划下，整个罗马尼亚的当权派都反对卡罗尔。1925年11月，卡罗尔被派往英国，代表罗马尼亚参加他的伯外祖母、爱德华七世的遗孀亚历山德拉王后的葬礼。他不打算丢下卢佩斯库，因为这样可能就会失去她。相反，他安排卢佩斯库离开罗马尼亚前往巴黎。葬礼结束后，他没有回家，而是前往法国首都，接上了卢佩斯库，然后一同前往意大利。

这已经够令人不安的了，但真正的重磅炸弹是在12月下旬爆发的，当时卡罗尔从威尼斯写信给他的父亲，放弃了他的军职、他的王储身份和他的罗马尼亚王室成员身份。他甚至要求斐迪南国王给他起一个新名字。

卡罗尔从威尼斯写信给他的父亲，放弃了他的军职、他的王储身份和他的罗马尼亚王室成员身份。

新的生活和新的继承人

卡罗尔面临着重返祖国、重新考虑和撤回承诺的巨大压力，但这一次，在卢佩斯库的支持下，他很好地抵制住了所有的诱惑。最后，所有担心的人都意识到，卡罗尔是不可能被说服的。不久之后，1927年7月20日，费迪南国王去世，人们普遍认为他的死是由于"心碎了"。卡罗尔五岁的儿子米哈伊继位，他的叔叔尼古拉王子担任摄政王。与此同时，卡罗尔住在巴黎，取了一个新名字，叫卡莱曼（Caraiman）。他很高兴可以和卢佩斯库无拘无束地在一起，也很高兴他现在可以自由地、尽情地享受集邮、音乐和跑车的兴趣。尽管如此，卡罗尔仍对罗马尼亚密切关注，并对任何可能给他带来回国机会的迹象保持警惕。

机会出现在1927年扬·布拉蒂亚努去世后，自由党失去了政党领袖。次年11月10日，布拉蒂亚努首相职位的继任者，同情卡罗尔的民族农民党领导人尤利乌·马纽（Juliu Maniu）就任首相。但在卡罗尔回来之前，马纽需要确保他的权力基础得到了足够的保障。这就是为什么又过了18个月，卡罗尔才得以在慕尼黑登上飞机，并于1930年6月6日在布加勒斯特的班卡萨机场降落，迎接他的是整个罗马尼亚的强烈欢呼声。卡罗尔终于在新首相的支持下感到安全了，他明确表示，他不是像马纽所想的那样，回来是为了加入摄政委员会。卡罗尔的意思是要成为拥有全部王权的国王，这意味着独裁。

报复

卡罗尔时年36岁，这是他有生以来第一次可以自由地做他想做的事，而他首先选择做的是为过去受到的不公对待进行彻底的报复。他的主要受害者是他的母亲，玛丽王后。他从未原谅过玛丽破坏了他第一次婚姻。现在，他在她家里安插了间谍。他削减了她的收入，还禁止她参加国事活动。

最后，为了躲避卡罗尔的侵权，玛丽前往罗马尼亚以外的地方旅行，直到1938年，她回到家里，等待死亡的降临。她差点没能成功。玛丽在多年健康状况不佳之后，在德累斯顿的一家疗养院里意识到自己的生命即将结束。但卡罗尔拒绝为她派飞机，玛丽不得不乘坐火车。1938年7月18日，她勉强撑着回到布加勒斯特和佩雷什宫（Pelisor Palace），但在当天晚上就死在了那里。

他从未原谅过玛丽破坏了他第一次婚姻。现在，他在她家里安插了间谍。他削减了她的收入，还禁止她参加国事活动。

卡罗尔的报复还没有结束。1937年4月，他将他的弟弟尼古拉（Nicolas）和他的罗马尼亚籍妻子珍妮（Jeanne）驱逐出境。卡罗尔以惊人的虚伪惩罚了尼古拉，而他自己已经犯下了这些"罪行"：珍妮是罗马尼亚平民，就像兹兹·兰波琳娜一样，但卡罗尔告诉他的弟弟，他不能承认他的婚姻，剥夺了他的头衔，并把他赶了出去。

玛格达·卢佩斯库在卡罗尔之后不久就回到了罗马尼亚，大约是在1930年8月，她被安置在布加勒斯特最时尚郊区的一栋富丽堂皇的房子里。卡罗尔在他的情妇身上花了一大笔钱，给她戴上了在安特卫普和其他地方为她特制的最精美的珠宝。他每天晚上都会去看卢佩斯库，但在官方场合，他从不允许她出席，他很有礼貌地不冒犯她。然而，卢佩斯库并不甘心仅存在于幕后。随着时间的推移，她以自己为中心组建出了一个非官方的宫廷，招待工业家——特别是军火制造商——而且奇怪的是，她还把她的犹太朋友和法西斯分子混在一起。卡罗尔对他的情妇宠爱有加。她在驯服一个在此之前一直像呼吸一样追求女人的男人方面确实很出色。

右图：1922年，扬·布拉蒂亚努成为罗马尼亚的自由党首相。他与卡罗尔交恶，卡罗尔威胁说，当他成为国王时，他将流放布拉蒂亚努。

一个活跃的统治者

　　不过，作为君主，卡罗尔不仅仅是一个沉迷于花天酒地和自我放纵的国王。为了使重要的外国投资继续下去，罗马尼亚必须被认为是一个处于强有力统治下的国家。卡罗尔完全有能力行使坚定但不过分专制的控制权，他的举措包括振兴罗马尼亚的油田、迅速发展制造业、促进科学研究和全国性航空公司的发展，以及促进罗马尼亚的音乐、文学和美术的发展。

　　卡罗尔回国仅仅几年后，他的国家在文化和工业方面的状况比以往任何时候都好。但那时在20世纪30年代，是德国、意大利、葡萄牙和西班牙独裁者横行的十年，罗马尼亚不可能长时间地独自享受着它的复兴。1934年，在阿道夫·希特勒夺得德国的绝对权力后不久，纳粹统治下的德国就已经将触

卡罗尔完全有能力行使坚定但不过分专制的控制权，他的举措包括振兴罗马尼亚的油田、迅速发展制造业、促进科学研究和全国性的航空公司的发展，以及促进罗马尼亚的音乐、文学和美术的发展。

右图：卡罗尔的母亲，玛丽王后，是一个看起来很年轻的时尚女性。这张照片拍摄于1926年，照片中她留着20世纪20年代女性流行的波浪形发型。

角伸向欧洲各地。希特勒对罗马尼亚的计划是通过贸易联系，特别是石油贸易，使罗马尼亚越来越依赖德国。纳粹还通过铁卫团（Iron Guard）与罗马尼亚建立了意识形态上的联系。铁卫团是纳粹资助的极端右翼分子。

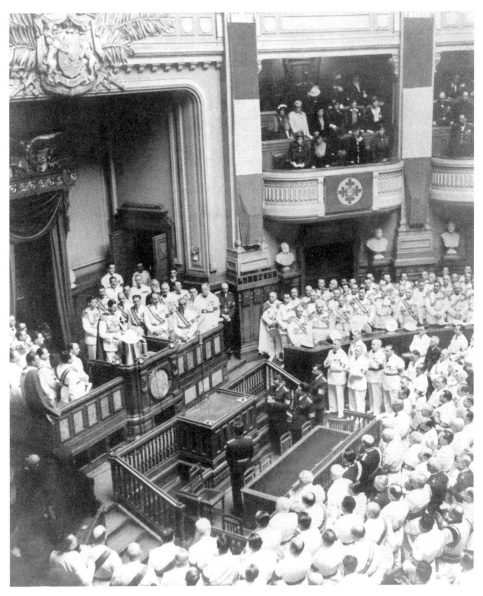

上图：1939 年，在卡罗尔结束流亡回国九年后，阿尔芒·卡利内斯库（Armand Calinescu）首相在罗马尼亚新政府的就职典礼上。

上图：1940年9月4日，卡罗尔任命扬·安东内斯库将军为首相。几乎在第一时间，安东内斯库就迫使卡罗尔退位并离开罗马尼亚。

　　像希特勒一样，铁卫团及其领导人扬·安东内斯库（Ion Antonescu）致力于消除犹太人的影响，并随之让所有罗马尼亚的犹太人消失。玛格达·卢佩斯库是名单上的头号人物。卢佩斯库和卡罗尔国王直到1937年底才意识到这一点。为了对抗铁卫团及其纳粹支持者，卡罗尔和他的首相尼古拉·蒂图列斯库（Nicolas Titulescu）寻求与英国和法国建立新的贸易联系，并与捷克斯洛伐克等国家建立更友好的关系——捷克斯洛伐克可以作为罗马尼亚和德国之间的地理缓冲区。

　　卡罗尔还采取了措施，通过削弱铁卫团的领导层来削弱其力量。1927年成立铁卫团的科尼利乌·科德里亚努（Corneliu Codrianu）和他的同伙以叛国罪入狱。1938年，他们在试图逃跑时被枪杀，至少他们是这样发布的。实际上，科德里亚努和他的追随者是被他们的卫兵勒死的。

一个新人物的掌权

　　最终，在迅速萎缩的罗马尼亚，不可避免地出现了自称有能力拯救国家的"强人"。他就是扬·安东内斯库将军。他同情纳粹，但希望有一个独立于德国控制的法西斯罗马尼亚。当他提议提供这些，又希望拥有绝对的权力时，四面楚歌的卡罗尔受到了诱惑。在接受安东内斯库的条件后，卡罗尔把自己变成了一个有名无实的首领，而安东内斯库毫不犹豫地把这个有名无实的首领抛弃了。

　　这个强硬的男人在1940年9月4日掌权，很快，卡罗尔就面临着反保王派的示威游行和民众要求他退位的问题。卡罗尔被彻底击败，于9月5日下台；第二天，他18岁的儿子米哈伊再次成为国王。1930年，当米哈伊的父亲要重返王位时，他曾被夺走了王位。9月8日，在玛格达·卢佩斯库和一小群随行人员的陪同下，卡罗尔一行乘坐一列火车离开了罗马尼亚，火车一直穿行到与南斯拉夫接壤的边界才停下来。途中，铁卫团成员试图进行伏击，有人向车厢内开了几枪，但没有人受伤。

绥靖主义的愚蠢

　　不幸的是，法国和英国对纳粹威胁的反应远没有罗马尼亚那么强硬。他们转而采取绥靖政策，这种懦弱的政策最终导致了1939年9月3日第二次世界大战在欧洲的全面爆发。冲击波很快就传到了罗马尼亚。9月21日，卡罗尔信任的首相阿尔芒·卡利内斯库和他的保镖遭到伏击并被谋杀。罪魁祸首当然是铁卫团的成员。几个月后，也就是1940年的五六月份，战争使欧洲大陆的大部分地区被纳粹占领。当

上图：安东内斯库在发表演讲，周围是他的纳粹支持者铁卫团，这是一支成立于1927年的极端右翼的准军事部队。

时，苏联占领了罗马尼亚的比萨拉比亚（Bessarabia），而德国与保加利亚和匈牙利一起掠夺了更多的领土。

流亡生活

卡罗尔和卢佩斯库成了流亡者，从南斯拉夫到瑞士，再到法国、西班牙和葡萄牙，然后跨越大西洋到墨西哥和巴西。在拉丁美洲，卡罗尔感到他的"犹太"情妇在这里比在纳粹统治下的欧洲更安全。与此同时，一个横跨大西洋的基地对保持与

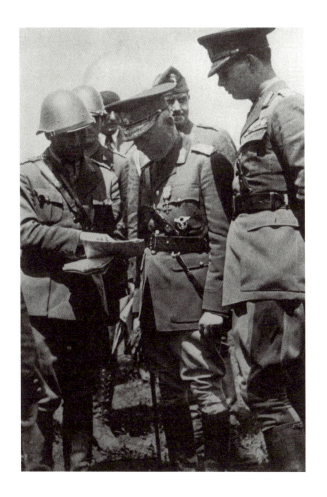

卡罗尔和卢佩斯库成了流亡者，从南斯拉夫到瑞士，再到法国、西班牙和葡萄牙，然后跨越大西洋到墨西哥和巴西。

左图：1941年12月，年轻的罗马尼亚国王米哈伊一世与安东内斯库将军在研究罗马尼亚军队在苏联的进展情况。纳粹德国在六个月前入侵了苏联。

有影响力的参战国家领导人的联系是很方便的。卡罗尔相信，在他不光彩地离开罗马尼亚后，这对防止他被人遗忘是至关重要的。这位前国王建立了一个流亡的政

上图：1941年，玛格达·卢佩斯库（左一）和前国王卡罗尔（左二）与卡罗尔的王家侍从欧内斯特·乌尔达里安努（Ernest Urdarianu，左三）在马车上驶过百慕大的汉密尔顿。

府，与那些对他忠心耿耿的前官员一起，他们从不放过任何让世界记住他存在的机会。他与美国驻哈瓦那和墨西哥城的大使保持联系，给美国总统富兰克林·罗斯福和他在英国的表亲乔治六世国王写信，概述了他成立"自由罗马尼亚全国委员会"的计划。

但是，令卡罗尔失望的是，英国人已经收留了来自被占领的阿尔巴尼亚、捷克斯洛伐克、法国、荷兰、挪威和波兰的其他王室和政府流亡者，但是拒绝将罗马尼亚列入名单。从白金汉宫寄给前国王的信措辞得体，堪称楷模。但态度仍然是拒绝。美国国务院也做出了同样的反应。

回国的希望破灭

尽管被拒绝，卡罗尔从未失去希望，认为英国人和美国人将赢得战争，并允许他返回罗马尼亚。1944年，这位前国王满意地看到他的儿子米哈伊获得了足够的支持，以战争罪逮捕了安东内斯库。安东内斯库被判定有罪，于1946年被处决。不过，这并没有为卡罗尔带来救赎。1947年，罗马尼亚人民共和国成立，米哈伊也成了前国王，并于1948年初流亡国外。

现在，卡罗尔几乎没有什么希望了，到1947年中期，他努力保留的一点东西似乎也要被夺走了。玛格达·卢佩斯库看起来快要死了。卡罗尔于7月5日与她结婚，并给她冠以罗马尼亚埃琳娜公主殿下的头衔，在他看来，这是一个最后的示爱的姿态。这位新公主当时似乎患有贫血和抑郁症，但她在输血的帮助下恢复了健康，并最终比卡罗尔多活了24年。

当她身体足够强壮时，这对新婚夫妇离开了巴西的里约热内卢，定居在葡萄牙里斯本附近的时尚海滨度假胜地埃斯托里尔（Estoril）。1949年，为了消除有关他们即将离婚的传言，卡罗尔和卢佩斯库在那里举行了一场宗教婚礼仪式。在婚礼上，她是一个耀眼的新娘。相比之下，卡罗尔看起来脸色苍白，精神萎靡，身体状况很差。4年后，他开始感到胸痛，在1953年4月3日一次特别严重的发作后，叫来了一位医生给他看病。当医生到达时，卡罗尔似乎已经好转；然而，当医生转身离开时，另一次更剧烈的心脏病发作突然夺去了卡罗尔的生命，他当时59岁。

上图：1947年7月5日，卡罗尔和玛格达在婚礼后合影。玛格达虽然看起来状态很好，但已因贫血而病入膏肓。许多人对她的康复感到惊讶。

南斯拉夫国王彼得二世

南斯拉夫国王彼得二世（Peter II，1923—1970）是另一位王家流亡者。1941年，他在国家被纳粹德国军队入侵后被迫离开了他的王国。当时只有17岁的彼得仅仅行使了10天的王权，然后他开始逃亡，最终以难民的身份来到了英国。但当其他王室成员悲伤而优雅地流亡时，彼得却无法接受这种处境。相反，他开始执着于重获王位的渺茫希望，向别人讲述他的人生悲剧和南斯拉夫的美丽。他的妻子希腊的亚历山德拉公主，其家族有长期的流亡历史，试图劝说他夺回王位是注定要失败的。最终，这个问题在他们之间起了决定性的作用，他们的婚姻破裂了。

喝酒和注定失败的阴谋

后来，在1965年，彼得移居到美国，在那里他试图为自己创造新的生活，先是做顾问，然后是金融家，但总是失败。他在饮酒中寻求慰藉，并试图召集一帮保王派的南斯拉夫人来支持他夺回王位的努力。他们很快就萎靡不振了。挫折和怨恨吞噬了他。他永远不会原谅战时英国首相温斯顿·丘吉尔支持他在南斯拉夫的共产主义对手铁托元帅，而不是他自己。这位前国王认为英国人是在玩世不恭地背叛了他，于是密谋反对第二次世界大战后在南斯拉夫掌权的铁托，但所有这些都是注定要失败的。

彼得40多岁时，已是一个年老体衰的人，他因酗酒而浮肿，因自怜而消沉，因失败而崩溃。1970年，他死于肝功能衰竭，年仅47岁，成为一个几乎被遗忘的人物。彼得在欧洲的君主和前君主中缺乏地位，新闻界的兴趣集中在彼得是唯一死在美国的君主这一事实上，这一点深刻地说明了彼得在欧洲的君主和前君主中的地位。

彼得40多岁时，已是一个年老体衰的人，他因酗酒而浮肿，因自怜而消沉，因失败而崩溃。1970年，他死于肝衰竭，年仅47岁，成为一个几乎被遗忘的人物。

二战后流亡的其他王室成员适应了他们的命运，因为他们能够适应其他不同的生活方式。但是，彼得二世从来就不是当商人、行政人员或顾问的料。正如他自己所承认的那样，他只适合做一个国王，而且在1941年，他只有10天的时间拥有真正的王权，甚至连这方面的经验也很匮乏。

上图：南斯拉夫国王彼得二世仅统治了十天，就在1941年因纳粹入侵而被迫下台。这是这位十七岁的前国王（左）与美国总统富兰克林·罗斯福在一起。

死后几乎无人问津

卡罗尔因为他的祖母，与1910年失去王位的葡萄牙前王室有一些血缘关系。因此，在他的葬礼上，他受到了完全的王室荣誉，并被埋葬在为葡萄牙国王保留的万神殿中。他的遗孀也在场，从头到脚都裹着一身黑。整个仪式她都在哭泣。在卡罗尔的直系亲属中，只有他的外甥南斯拉夫的彼得二世（又一个王室流亡者）和卡罗尔疏远的弟弟尼古拉王子参加了葬礼。其他所有人，包括米哈伊，都找理由不去参加他的葬礼。

卡罗尔去世的消息在媒体上只占据了很小的篇幅，而这些媒体曾大肆渲染过卡罗尔的头条新闻。这位曾经的国王已经成为历史，世界已经不再需要他这种高调的君主了。对于像卡罗尔这样靠争议和随之而来的关注生存的人来说，这是比在流亡中死亡更不光彩的命运。这样的结局，也都在他的预期之中。

卡罗尔去世的消息在媒体上只占据了很小的篇幅，而这些媒体曾大肆渲染过卡罗尔的头条新闻。这位曾经的国王已经成为历史，世界已经不再需要他这种高调的君主了。

第十二章

荷兰：
陷入困境的王室

自从1901年荷兰女王威廉明娜（Wilhelmina）与梅克伦堡－什未林的亨德里克王子（Prince Hendrik）结婚以来，荷兰人的君主制就一直存在问题。从那时起，统治这个王朝的奥兰治－拿骚王室就出现了一系列的困难，这些困难主要来自两个方面。

左图：1898年8月1日，荷兰威廉明娜女王在阿姆斯特丹的新教堂宣读宪法。
上图：1948年成为女王的朱丽安娜（Juliana），与她备受争议的丈夫伯恩哈特（Bernhardt）在即位之前的照片。

　　一方面是荷兰君主在遇到困难时的退位倾向。另一方面是连续三位执政的女王——威廉明娜、她的女儿朱丽安娜和朱丽安娜的女儿贝娅特丽克丝（Beatrix）——与德国人结婚，而德国人的国籍本身足以引起他们臣民的警惕和敌意。

　　这种退位的习惯始于荷兰第一位君主威廉一世（Willem I），他在1815年宣布自己为国王，但最终发现，他的王权受到了自由宪法的限制。由于无法接受自由主义统治所要求的人民权利、言论自由和民主，威廉这个天生的独裁者于1840年退位了。他的孙子，9年后成为国王的威廉三世（Willem III），和他是一个模子刻出来的，也在同样的约束下努力抗争。他一直试图摆脱自由主义的控制，并多次威胁要退位。但威廉三世从来没有成功逃脱过：他被他的母亲、意志坚定的俄罗斯女大公安娜·帕夫洛夫娜（Anna Pavlovna）说服了，最终在荷兰统治了40年。

不稳定的联盟

　　威廉明娜，威廉三世10岁的女儿，也是当时唯一在世的继承人，在1890年威廉三世去世后继承了他的王位。这带来了新的麻烦：心怀不满的男性配偶。威廉明娜的丈夫亨德里克亲王不喜欢当女王配偶，不喜欢跟在妻子后面亦步亦趋，用他自己的话说，他非常讨厌成为一个单纯的装饰品。亨德里克在荷兰没有真正的权力。当威廉明娜坚持保持这种状态的时候，这对他们的婚姻没有什么好处。

　　不过，对亨德里克进行约束的政策很可能会得到威廉明娜所属臣民的欢迎。亨德里克的祖国德国是欧洲正在崛起的大国，而邻国荷兰充其量也只是对其野心勃勃、奉行扩张主义的邻国保持警惕。1933年之后，这种长期的警惕变成了真正的恐惧，当时纳粹及其领导人阿道夫·希特勒夺得了政权，把德国变成了一个由恐怖和镇压统治的种族主义极权国家，并很快就成为对欧洲和世界和平的威胁。

　　到1937年，荷兰人对德国和德国人的恐惧已经很强烈，激起了强烈的反对，他们不赞成威廉明娜的继承人朱丽安娜嫁给德国人，利珀-比斯特菲尔德的伯恩哈特王子。尽管有反对意见，他们的婚礼还是于1937年1月7日在海牙举行了。

威廉明娜的丈夫亨德里克亲王不喜欢当女王配偶，不喜欢跟在妻子后面亦步亦趋，用他自己的话说，他非常讨厌成为一个单纯的装饰品。

一个花花公子和英雄

伯恩哈特有他的魅力，作为一个潇洒的"城里人"，他的生活方式令人激动，尽管常常很危险。他是一个鲁莽的司机，在他的人生中撞坏了几辆车，而且他经常把自己伤得很重。他喜欢大型动物狩猎、划船和飞行，并差点在高速事故中丧生。像这样一个鲁莽的王子有某种敢作敢为的魅力，而他在二战期间表现出的对荷兰的忠诚更增强了这种魅力。伯恩哈特帮助组织了荷兰对纳粹占领的抵抗，与英国王家空军一起作战，在欧洲上空执行了侦察任务，并在1945年参与安排了德国在荷兰的投降。

战后，荷兰人对伯恩哈特由最初的敌意变成了钦佩，他在当时被视为一个英雄。但相当不公平的是，他仍然披着花花公子的标签，定期登上报纸的八卦专栏，那些专栏里谈论他奢华的生活方式、他的婚外情、他奢华的派对，以及他的那些名声不好的朋友，包括阿根廷总统胡安·庇隆（Juan Péron）和他的妻子伊娃（Eva）在内。

转移注意力

伯恩哈特从未完全摆脱过这个不可靠的名声，但在1947年，他暂时离开了丑闻的聚光灯下。人们的注意力转而集中在朱丽安娜身上，以及她用非传统的方法试图治疗她最小的女儿玛丽亚·克里斯蒂娜公主 [通常

左图：图为身穿军装的伯恩哈特王子，他是一个大胆的冒险家和好色之徒，但他为荷兰做了大量的工作。

玛丽克出生时双
眼都有白内障，
因为她的母亲在
怀孕期间感染了
德国麻疹。

被称为玛丽克（Marijke）]的眼睛问题。玛丽克出生于1947
年，是朱丽安娜和伯恩哈特的第四个女儿，出生于贝娅特丽克
丝（1938）、伊莲妮（Irene，1939）和玛格丽特（Margriet，
1943）之后。玛丽克出生时双眼都有白内障，因为她的母亲在
怀孕期间感染了德国麻疹。他们请来了世界一流的医生，但他
们最多只能恢复一只眼睛的模糊视力。

朱丽安娜和伯恩哈特悲痛欲绝，但在这对夫妇遇到自称是上帝代表的信仰治疗
师格瑞特·霍夫曼斯（Greet Hofmans）后，他们恢复了完全治愈的希望。霍夫曼
斯告诉朱丽安娜，只要有足够的祈祷和信念，上帝会让小玛丽克重见光明。朱丽安
娜相信奇迹和占星术，对超自然现象情有独钟，因此开始相信这位信仰治疗师的力
量。当孩子被带去见霍夫曼斯时，治疗师跪在地上，虔诚地祈祷了很久。事后，她
告诉朱丽安娜："如果我们努力祈祷，上帝会在两年内让这个孩子重见光明。"

朱丽安娜，甚至是对霍夫曼
斯有所保留的伯恩哈特，都被
打动了。这位信仰治疗师搬进
了阿姆斯特丹附近的苏斯特代
克宫（Soestdijk Palace）。每
天，整个王室都在宫里参加祈祷
会。但是，没过多久，伯恩哈特
开始怀疑他的妻子变得过分依赖
这位信仰治疗师。他意识到霍夫
曼斯总是会承诺一个光辉灿烂的
未来。她对朱莉安娜说："你将
是（这个国家）有史以来最伟大
的女王。"但是，只有当朱丽安

右图：玛丽克公主是朱丽安娜女王最小的女
儿，她出生时就有严重的眼疾。

上图：1941年5月10日，即纳粹德国入侵荷兰的一周年纪念日，威廉明娜女王（前排左）在被炸毁的伦敦奥斯汀修道院的荷兰教堂废墟上。陪同她的是她的女婿伯恩哈特王子。

娜足够虔诚地祈祷并听从上帝的话时，这个未来才会发生。当然，这也意味着听从霍夫曼斯的话。此后，伯恩哈特决心摆脱这个信仰治疗师。当然，朱丽安娜不会听的。

错误的信仰

　　1948年，威廉明娜退位，朱丽安娜成为女王，情况变得更加严重。现在，朱丽安娜拥有了君主的权力，尽管这些权力受到法律的限制，但也有一定的政治影响力。对于忧心忡忡的伯恩哈特来说，这给了格瑞特·霍夫曼斯更多的空间来影响他易受影响的妻子。伯恩哈特的担心很快就变成了现实，霍夫曼斯已经把她的活动范围扩大到给新女王提供政治建议。这对伯恩哈特来说太过分了。1950年，他下令

威廉明娜在荷兰统治了58年后退位。这张照片拍摄于1948年9月2日，也就是威廉明娜正式退位的4天前。照片显示，当威廉明娜出现在阳台上时，人们聚集在阿姆斯特丹的王宫前为她欢呼。

将霍夫曼斯的物品从她住了9年的苏斯特代克宫搬走。

但这绝不是霍夫曼斯与王室关系的结束。这位信仰治疗师继续举行会议，宣扬和平主义和神秘主义的优点，以及与来自外太空的生物进行接触的必要性。朱丽安娜和她的母亲——前女王威廉明娜，参加了其中的几次会议，并受到了强烈影响。当朱丽安娜的几个"信徒"同伴，如成为女王私人秘书的冯·海克伦·范·莫尔卡坦男爵（Baron von Heeckeren van Molecatan）在宫廷中获得重要职位时，这一点就变得很明显了。

更令人不安的是，当时正值冷战时期。当朱丽安娜的公开演讲开始反映这位信仰治疗师的和平主义思想时，这使得霍夫曼斯事件更加令人担忧。朱丽安娜主张荷兰裁军和解散荷兰武装部队。美国和其他西方国家的政府对荷兰的前景发出了警告，尽管荷兰很小，但它为美国和其他西方国家抵御共产主义浪潮的努力提供了一个空缺。

这时，伯恩哈特和朱丽安娜在霍夫曼斯事件上站在了对立面，他们的分歧非常严重，已经开始影响到他们的婚姻。这使伯恩哈特处于一个危险的境地。他的一切——他的公职、他的头衔、他的商业关系以及更多——都归功于他与荷兰女王的婚姻。

通常情况下，出于不成明文的行规，荷兰媒体不得报道这类事情。但在1956年，迫于无奈，伯恩哈特向德国《明镜》（Der Spiegel）杂志泄露了关于霍夫曼斯事件的消息。这个故事从那里传到了世界各地的媒体。出于礼貌的荷兰媒体对此事隐瞒了一段时间，但最终无法再保持沉默。现在，朱丽安娜的臣民们也知道了王室幕后的怪事。

《明镜》的曝光让很多有权势的政界和商界人士感到尴尬，除非霍夫曼斯事件得到解决，否则他们会损失惨重。他们对朱莉安娜施加了巨大压力，要求她把这位信仰治疗师送走，或者她自己退位，否则将被迫辞职。这是一件很严肃的事情。但值得庆幸的是，它让女王停顿下来，重新思考。霍夫曼斯没能治愈玛丽克的眼睛问题。朱丽安娜同意切断这个信仰治疗师与宫廷和王室的联系，并清除了她家里的霍夫曼斯的支持者。在此之后，格瑞特·霍夫曼斯逐渐淡出公众视线，并于1968年在默默无闻中去世。到那时，新的医疗手段已经极大地改善了玛丽克的视力状况，直到她能够过上正常的生活。

朱丽安娜主张荷兰裁军和解散荷兰武装部队。美国和其他西方国家的政府对荷兰的前景发出了警告。

进一步的破坏

与此同时，朱丽安娜和伯恩哈特与另一个女儿伊莲妮公主之间又发生了严重的问题。1963年，有消息称伊莲妮已经秘密皈依天主教，并与波旁 - 帕尔马的卡洛斯·雨果（Carlos Hugo）王子订婚，他是西班牙王位的觊觎者帕尔马公爵泽维尔（Xavier）的继承人。

对于狂热地信奉新教的荷兰人和他们的女王来说，伊莲妮皈依天主教已经够糟糕的了，但问题还不止这些。卡洛斯·雨果王子是弗朗西斯科·佛朗哥将军的支持者，这位法西斯独裁者自1939年内战结束后一直统治着西班牙。而佛朗哥则因在二战期间支持纳粹德国而被荷兰人所憎恶。

在这种背景下，卡洛斯·雨果对朱丽安娜女王来说意味着很大的麻烦，她不顾一切地阻止他与她女儿结婚。然而，事实证明伊莲妮公主是非常固执的，而且她毫不犹豫地欺骗她的母亲。朱丽安娜曾经派了她的一个秘书去马德里看望公主，让朱丽安娜松了一口气的是，秘书报告说婚约已经取消了，伊莲妮即将返回荷兰。朱莉安娜的欣慰是短暂的。当那架据说是送她女儿回家

上图：1948年9月6日，新女王朱丽安娜和伯恩哈特亲王在她母亲退位后一起前往她的就职典礼。

上图：朱丽安娜女王的第二个女儿伊莲妮公主与波旁 - 帕尔马的卡洛斯·雨果王子。朱丽安娜强烈反对他们的婚姻，但这一婚姻还是在 1964 年 4 月 29 日成为现实。

对于狂热地信奉新教的荷兰人和他们的女王来说，伊莲妮皈依天主教已经够糟糕的了。朱丽安娜女王开始不顾一切地阻止卡洛斯·雨果和她女儿结婚。

的飞机抵达时，伊莲妮并不在乘客之列。朱丽安娜和伯恩哈特决心亲自去马德里，让他们的女儿理智一些，但荷兰人对西班牙的仇恨是如此强烈，以至于政府发誓，如果女王踏上西班牙的土地，他们将辞职。朱丽安娜回到家里，她深感痛苦，泪流满面。与此同时，伊莲妮在马德里躲了起来，先是躲在一个修道院，后来又躲在卡洛斯·雨果的公寓附近的房间里。两人都怀疑自己受到了某种秘密监视，包括他们的电话被窃听。他们只好站在窗前交换手势。对这桩婚姻的抵制一如既往地强烈，但在 1964 年初，当伊莲妮表示她准备回家时，事情似乎有了突破性的进展。

没有妥协

僵局得到解决的希望大增，但这是错误的希望。当伯恩哈特亲王飞到马德里，把伊莲妮和卡洛斯·雨果带回荷兰时，很快就发现这对年轻夫妇根本不想妥协。如果与之前有什么不同的话，那就是他们的得寸进尺。在苏斯特代克宫长达6个小时的激烈交流中，他们明确表示，他们希望在阿姆斯特丹的新教教堂举行一场豪华的罗马天主教婚礼，并邀请欧洲所有的王室成员。朱丽安娜完全惊呆了，她明确地告诉这对夫妇，她永远不会批准这场婚礼，如果真的举行了婚礼，这可能意味着奥兰治-拿骚王室的终结。

朱丽安娜一点也没有夸大其词，因为除非找到一条出路，否则一场全面的宪法危机肯定是会出现的。到目前为止，伊莲妮一直急于维护自己的继承权，她是荷兰王位的第二顺位继承人，仅次于她的姐姐贝娅特丽克丝。伊莲妮被告知，只有她放弃这些权利，她才能与卡洛斯·雨果结婚，同时保留君主制。

伊莲妮的反应充满了挑衅意味。她和卡洛斯·雨果一起去了罗马，他们夫妻俩在那里会见了教皇保罗六世（Paul VI）。这是对她不妥协的公开声明，她决心非常坚定。尽管如此，伊莲妮还是做到了。从罗马回来后不久，她被安排与她的母亲一起对墨西哥进行正式访问，但她没有出现在史基浦（Schiphol）机场。他们推迟了出发时间，但伊莲妮仍然没有来。朱丽安娜被女儿的这一公开羞辱严重打击了。她没有选择，只能独自飞往墨西哥。

伊莲妮的争议举动没有就此停住。她公开支持卡洛斯·雨果和他的父亲继承西班牙王位的要求，并被派到参加佛朗哥将军领导的长枪党举办的集会。作为一个在爱情上遭遇挫折的年轻女子，伊莲妮曾在荷兰赢得了一些同情，但在她公开支持法西斯佛朗哥和他在西班牙的右翼统治后，她那多愁善感的"罗密欧与朱丽叶"女主人公形象逐渐消失了。

有代价的婚姻

伊莲妮和卡洛斯·雨果于1964年4月29日在罗马结婚。她的家人没有出席这个仪式，所有欧洲王室的重要成员都没有参加。由于这场婚姻没有按照法律

朱丽安娜完全惊呆了，她明确地告诉这对夫妇，她永远不会批准这场婚礼，如果真的举行了婚礼，这可能意味着奥兰治-拿骚王室的终结。

上图：伊莲妮公主和卡洛斯·雨果在罗马的圣玛丽亚马焦雷大教堂举行了婚礼。荷兰王室没有出席。图为备受争议的婚礼仪式结束后不久他们在车里的场景。

规定得到荷兰议会的批准，伊莲妮自动失去了继承王位的权利。她已经同意与她的丈夫在荷兰境外生活，许多荷兰人都认为这样做也不错。

　　最终，这段痛苦的经历也成了徒劳。伊莲妮和卡洛斯·雨果于1981年离婚，伊莲妮带着他们的四个孩子回到了荷兰。然而，1964年发生的戏剧性事件并没有被遗忘，当伊莲妮的书《与自然对话》（*Dialogue with Nature*）在1995年出版时，荷兰媒体忍不住对其作者进行了"挖苦"，公开了那些揭露她与树木和海豚对话的段落。

又是一桩有争议的婚姻

　　早在20世纪60年代初，荷兰人就饱受争议，直到另一场王室婚姻引发了另一场骚动。1965年7月，朱丽安娜女王在电视和广播中宣布了王位继承人贝娅特丽克丝公主与外交官克劳斯 - 格奥尔格·冯·阿姆斯伯格（Claus-Georg von Amsberg）

订婚的消息。

　　"我向你们保证，"朱莉安娜告诉她的人民，"这是一件好事。"

　　就朱丽安娜的臣民而言，这远不是一件"好事"。克劳斯·冯·阿姆斯伯格是一个贵族，他在瑞士滑雪度假时认识了贝娅特丽克丝。他将成为第三个连续进入荷兰王室的德国人。不仅如此，他还曾是希特勒青年团和德国国防军的成员。

　　不可避免的是，不久之后，反对这桩婚姻的示威和抗议活动就爆发到了街头。出现了反克劳斯的游行和集会。愤怒的人群高呼："克劳斯出去！克劳斯出去！"

上图：1966年3月10日，荷兰王位继承人，王储贝娅特丽克丝公主和西德外交官克劳斯·冯·阿姆斯伯格在他们的婚礼上。贝娅特丽克丝公主的婚姻与她的妹妹伊莲妮一样存在争议，虽然原因不同。

橙色的纳粹标志出现在建筑物和广告牌上，并被人用粉笔画在人行道和墙壁上，甚至出现在阿姆斯特丹王宫的墙壁上，这是一个大胆的抗议者设法穿过安全警戒线后涂抹上的。更令人担忧的是，在一些地方还听到了"崛起吧，共和国！"的呼喊声，这表明一部分大声疾呼的公众（尽管可能是少数）已经厌倦了君主制。

共和制的真正危险性不大，但根据在宣布订婚后不久进行的民意调查，对君主制的支持率从86%下降到74%。在鹿特丹出版的报纸《新鹿特丹报》（*Nieuwe Courant*）评论说："一个德国人能在我们的纪念碑前为他对抗过的英雄献花吗？"二战期间，一个由6位杰出抵抗运动战士组成的团体曾与德国侵略者作战，他们公开谴责贝娅特丽克丝和克劳斯的婚姻是"不可忍受的"。一家月刊建议，贝娅特丽克丝应该像她的妹妹伊莲妮一样放弃王位继承权。

一个不那么平静的婚礼

尽管有各种问题和争议，贝娅特丽克丝公主和克劳斯·冯·阿姆斯伯格的婚礼还是于1966年3月10日在阿姆斯特丹如期举行了。但事实证明，这是王室历史上最混乱的婚礼之一。大多数欧洲王室成员和贵族在事先被告知会有严重的麻烦后都没有参加。事实证明他们的谨慎是有道理的。婚礼当天开始时，有人在王宫示威游行，随后示威者和警察之间发生了街头冲突，并有几个人被捕。接着，一枚烟幕弹滚到了婚礼的马车下面爆炸了。马车还被一只身上画有纳粹符号的死鸡击中。臭气弹和更多的烟幕弹被扔向游行队伍，直到一股刺鼻的烟柱升到大约15米高的空中。

拉比们（犹太教经师或神职人员）想起了荷兰犹太人在二战期间的苦难——成千上万的人被送到纳粹集中营中死去——抵制了这次活动。阿姆斯特丹市议会成员和一些政府雇员也是如此。据称负责维持和平的警察在一场野蛮的示威中将几名抗议者打倒在地，导致阿姆斯特丹市长和警察局长后来都被免职。但一年后，也就是1967年，当贝娅特丽克丝生下她三个儿子中的第一个

儿子威廉 - 亚历山大（Willem-Alexander）时，她的很多事情（如果不是全部的话）都被原谅了，她的儿子成为116年来荷兰王位的第一个幸存的男性继承人。

上图：在贝娅特丽克丝的婚礼当天，阿姆斯特丹发生了抵制和反德示威的活动。有人投掷烟幕弹，其中一个扔到了载着新婚夫妇的金色马车行驶的路上。

避免了另一场继承危机

贝娅特丽克丝雄心勃勃，而且有点迫不及待地想让她的母亲退位，以便她能成为女王。朱丽安娜女王绝不会同意这样做。朱丽安娜并不像她所说的那样热衷于这桩婚事，她有自己的计划来解决这种情况，从根本上阻止这桩婚事的发生。朱丽安娜联系上了西德的外交部部长，他是克劳斯在外交部门的上司，请求他把克劳斯调到欧洲以外的地方去。意志坚定的贝娅特丽克丝听说

克劳斯在苏联和东德的个人战时记录被查证过，没有发现任何罪证。

右图：1954年3月，伯恩哈特亲王（左）访问了美国亚拉巴马州的麦克斯韦尔空军基地，他在那里见到了空军大学副校长迪安·科德韦尔·斯特罗瑟（Dean C.Strother）。伯恩哈特对为荷兰空军购买飞机很有兴趣。

后，进行了为期3天的绝食抗议，吓坏了她的母亲，朱丽安娜最终放弃了计划。

朱丽安娜决定将克劳斯·冯·阿姆斯伯格推荐给她的臣民，安排他与贝娅特丽克丝一起出现在电视新闻发布会上。这是个彻底的转折。这是奥兰治 - 拿骚家族做出的一个重大让步，他们迄今为止一直避免将自己暴露在媒体的监督之下。但38岁的克劳斯并不是白白做外交官的，他的"舞台形象"堪称完美。他身材苗条，英俊潇洒，举止优雅，在银幕上是一个谦虚的人，非常爱贝娅特丽克丝，对自己年轻时的纳粹历史感到遗憾，最重要的目的是赢得荷兰人民的认可。

最后一点说起来容易做起来难。克劳斯赢得了许多电视观众和其他人的支持，他们认为他应该有一个公平的机会来证明自己。但仍有许多人没有得到安抚——即使当克劳斯在苏联和东德的个人战时记录被查证过，没有发现任何罪证。尽管如此，抗议者们还是很有力地表达了他们的观点。当贝娅特丽克丝和克劳斯乘坐一艘船游览阿姆斯特丹的运河时，反王室的小册子被扔在甲板上。尽管在全国范围内发出了呼吁，但为结婚礼物筹集到的资金还不到2万美元（9790英镑），而民众为救济印度饥荒捐献的资金几乎是这个数字的18倍。就连克劳斯的母亲冯·德姆·布舍 - 哈登豪森男爵夫人（Baroness von dem Bussche-Haddenhausen）也成了攻击目标，她还收到了署名为"仇恨"的信件。

离谱的丑闻

当贝娅特丽克丝结婚的戏剧性事件成为全国甚至全世界的头条新闻时，关于奥兰治 - 拿骚家族的另一个争议正在背后酝酿。尽管其他的争议都很严重，但这次的争议却让它们都黯然失色，对朱丽安娜和伯恩哈特来说，这是一桩过于离谱的丑闻。

虽然伯恩哈特亲王在贝娅特丽克丝结婚时已经50多岁了，但他仍然是一个生活放荡的纨绔子弟，就像他年轻时那样。不过，他并不是一个游手好闲的败家子：伯恩哈特长期努力工作，促进荷兰经济的发展，而且做得非常成功。他基本上每次在从国外回国时，都会给荷兰公司和企业带回来海外合同。

铤而走险

然而，伯恩哈特有时也会在风口浪尖上。他因公务、慈善或私人事务而在世界各地旅行，这使他有了广泛的社交生活，包括与声名狼藉的企业家和其他投机商人的联系。出国旅行也为伯恩哈特提供了发展婚外情的机会。朱丽安娜女王并不像她的母亲威廉明娜或她的女儿贝娅特丽克丝和伊莲妮那样是一个意志坚定、直言不讳的女人。她在神秘宗教的梦幻世界里更自在些，不是那种能有效处理不守规矩的丈夫的人。不过，这并不意味着朱丽安娜不知道伯恩哈特在做什么。首先，她知道他与被称为"巴黎女郎"的海伦·格林达（Helène Grinda）的所有关系，她在1967年为伯恩哈特生下了女儿亚历克西亚（Alexia），13年前伯恩哈特与另一个

左图：这张照片拍摄于1979年7月2日，当时伯恩哈特亲王已经因为涉嫌与洛克希德公司的可疑交易而陷入麻烦。

上图：1980年4月30日，朱丽安娜（中间）在伯恩哈特亲王的右手边发表讲话，这一天她的女儿（左边）成了女王。

正当的商业关系掺杂了不当行为……作为回报，伯恩哈特将代表洛克希德公司"改善荷兰的环境"。

情妇还生下了另一个女儿艾丽西亚（Alicia）。

伯恩哈特亲王最大的商业伙伴之一是美国洛克希德公司，自20世纪50年代初以来，他一直敦促荷兰政府购买该公司的军用飞机。但是，在这个过程中，正当的商业关系掺杂了不当行为。在1959年左右，洛克希德公司通过一名瑞士律师，提议在接下来的3年里向亲王支付100万美元（约合490770英镑）。作为回报，伯恩哈特将代表洛克希德公司"改善荷兰的环境"。

朱丽安娜支持她的丈夫

在大约16年的时间里，这项安排一直处于保密状态，直到1975年底开始流传"这实际上是一笔非常大的贿赂"的谣言。伯恩哈特立即否认有任何不当行为，声称像他这样地位崇高的人是"不会做这种事情的"。然而，王室可以将自己置于法律之上并逍遥法外的时代早已过去。如果被发现犯有受贿罪，无论是否为亲王，伯恩哈特都将面临牢狱之苦。不过，他很幸运，朱丽安娜认为支持他是她的责任。她威胁说，如果伯恩哈特没有被无罪释放，她就会退位。

指控更严重了

政府和人民都不希望朱丽安娜离开。然而，尽管伯恩哈特否认了，对伯恩哈特的指控不断从洛克希德公司的工作人员和其他多年来认识亲王的人那里传来。据称，亲王在1968年从洛克希德公司收到的另一笔贿赂是10万美元（约合49077英镑），这笔钱被支付给了一位名叫维克多·巴恩（Victor Baarn）的人。洛克希德公司声称，维克多·巴恩是伯恩哈特亲王的化名。在更多的指控中，据说伯恩哈特给了阿根廷总统胡安·庇隆100万美元（约合490770英镑），作为阿根廷订购荷兰铁路设备交易的一部分。

所有这些故事都被欧洲媒体作为头条新闻进行了报道，同时还披露了有关于伯恩哈特的婚外情。其中一篇报道称，伯恩哈特在非洲的坦桑尼亚和科特迪瓦以及墨西哥都有情妇。此外，据称他还在巴黎为海伦·格林达购买了一套昂贵的公寓，并为他的朋友们举办了应召女郎的豪华派对。

伯恩哈特的个人生活和商业生活迅速崩溃。最终，他被一个政府的特别委员会救了下来，该委员会于1976年8月26日公布了其调查结果。该委员会的结论是，伯恩哈特亲王认为自己的立场是不容置疑的，在进行"必然会造成他很容易得到好处的印象的交易"时，有点粗心大意了。

州议会以149票对2票赞成不起诉伯恩哈特，以及朱丽安娜在洛克希德丑闻发生后没有退位的事实，使伯恩哈特的地位得到了提升。但伯恩哈特的免受起诉是有代价的。他不得不辞去他所有的官职、军职、慈善事业和商业职位，放弃穿着他的许多制服——这是他一生的乐趣，并实际上退出了国内和国际政治舞台。

一个新的女王

朱丽安娜在1976年选择不放弃王位，那时她已经当了近30年的女王，而且已经接近70岁了。这意味着她可以光荣地、体面地退位，而不是在一场铺天盖地的负面宣传中退位。朱丽安娜于1980年4月30日签署了退位法案，那一天她已年满

上图：2002 年 4 月 30 日，贝娅特丽克丝女王出席了女王日的庆祝活动，这是她登基的周年纪念日，也是她的官方生日。

71岁。此后，她又恢复了原来的公主头衔。

贝娅特丽克丝继承了她母亲的王位，实现了她自己期待已久的夙愿。克劳斯王子现在是女王的配偶了。但是，就像威廉明娜女王的配偶亨德里克王子一样，克劳斯最终对他的附属地位感到不满。他特别反感的是，在王室地位的排序中，他被排在自己的儿子们后面。克劳斯开始患上了抑郁症，在他2002年去世前，抑郁症困扰了他很多年。

朱丽安娜和伯恩哈特2年后都去世了，他们的余生都在从事慈善工作，在他们67年的婚姻经历了许多风雨之后，这无疑为他们提供了一段他们急需的平静时间。对伯恩哈特来说，这种反差是巨大的。在荷兰，和其他欧洲君主制国家一样，在位女王的配偶们没有约定俗成的角色可供选择。相反，他们必须走自己的路。伯恩哈特选择的道路使他达到了令人印象深刻的高度——在政治上、军事上、财政上和国际上。在他的时代，他可以说是最强大的男性配偶了。但伯恩哈特的方式有一个致命的缺陷……

"他认为自己是一个19世纪的王子，"一位荷兰政治家评论说，"他可以为所欲为，他凌驾于法律之上。"

贝娅特丽克丝女王在位整整33年后，于2013年4月30日75岁时退位，由她的儿子威廉-亚历山大继承王位。

朱丽安娜……当了近30年的女王，而且已经接近70岁了。这意味着她可以光荣地、体面地退位，而不是在一场铺天盖地的负面宣传中退位。

第十三章

利奥波德二世国王和比属刚果

在19世纪后期，非洲这个"黑暗大陆"，是世界地理学中的一个巨大的未知数。欧洲人怀疑它未经探索的内陆是一个蕴藏着未开发矿产和其他商业财富的宝库，后来这被证实是正确的。特别是对于主要的帝国主义大国——英国、法国、荷兰、西班牙和葡萄牙来说，非洲意味着更多的贸易、更多的财富和更多的领土，可以使他们已经很庞大的帝国更加庞大。

左图：比利时国王利奥波德二世。利奥波德是欧洲争夺非洲的罪魁祸首。
上图：比利时的第二任国王利奥波德的早期照片。比利时是一个1830年独立的新国家。

所谓"非洲争夺战"的结果是两个敌对的帝国瓜分了非洲大陆的大部分地区。但二十多年来几乎无人知晓的是，这场争夺战还见证了19世纪非洲有史以来最严重的人道主义危机——一场近乎种族灭绝的危机。罪魁祸首并不是一个主要参与者，而是一个国王：比利时的国王利奥波德二世，他统治着欧洲最小的国家之一。

帝国的愿景

比利时是一个在1830年才独立的新国家。然而，利奥波德国王并不满足于让他的王国——面积只有约30500平方公里——停留在欧洲的小国之列。他想用自己的殖民地来与帝国主义大国相抗衡。

在个人层面上，利奥波德完全有能力克服一切障碍，实现自己的抱负。他很顽强，很固执，从不接受拒绝。他对个人的声望并不关心。不可否认，利奥波德有一种表面上的魅力。但在这表面之下，他复仇心重，非常狡猾。最重要的是，当他不受约束、不受控制地用独裁方式去实现他的野心时，是危险的。

当利奥波德于1865年成为国王时，非洲地图上仍有许多空白的地方，而法国人和德国人正忙于填补这些空白——在撒哈拉沙漠，沿着尼日利亚边境和刚果（扎伊尔）河的入海口。非欧洲人也在参与其中：桑给巴尔的苏丹和埃及的赫迪夫正共同计划在非洲中部开辟一个庞大的穆斯林帝国。利奥波德密切地关注着这些发展，并在1875年推行了他自己的殖民方案，计划将比利时殖民者送往东非的莫桑比克、马来群岛的婆罗洲岛和菲律宾群岛。然而，所有这些尝试都失败了，这主要是因为这些领土已经分别被葡萄牙人、荷兰人和西班牙人占领了。他们都不愿意让比利时人或其他任何人偷猎他们的保护区。

大自然对刚果的馈赠包括橡胶、工业用钻石、金、银、铜和其他有价值的金属。

利奥波德最感兴趣的是刚果，这是非洲中部的一大片土地，面积是比利时的75倍还要多。刚果位于非洲高原上一个巨大的洼地，它的潜在财富是巨大的。大自然对刚果的馈赠包括橡胶、工业用钻石、金、银、铜和其他有价值的金属。1876年，当利奥波德透露了他在非洲建立比利时据点的计划时，这个巨大宝库中的大片区域仍然不受任何国家的管辖。国王把外交部的文职人员奥古斯特·兰贝尔蒙男爵（Baron Auguste Lambermont）召到

上图：比属刚果是一片异常富饶的领土。这张照片拍摄于1905年左右，显示的是一艘挖泥船在刚果河水域中采集黄金。

他的宫殿，并告诉他："我想在非洲做一些事情。你很清楚探险家们在那里做了些什么，我们可以一·起看看我们能以和平的人道主义目标做些什么，这是我唯一关心的问题和目的。"

　　这块蛋糕是在1884年11月15日柏林召开的会议上切分的，但并非没有争议。由于有如此多的自私自利在起作用，会议过程中不可避免地出现了对非洲最有利区域的不同竞争主张。不过，有一点很快就清楚了：没有一个主要的殖民国家希望其他任何一个国家占领更大的地区，从而使它们拥有主导利益。这些地区中最大的是刚果，利奥波德在那里为自己塑造了一个法律、秩序和文明捍卫者的模范形象——以确保在时机成熟时，战利品将属于他。时间到了1885年2月25日，各殖民国签署了《柏林条约》，刚果被分配给利奥波德，因为他是参与会议的唯一中立者。当提到他的名字时，代表们都起立并欢呼起来，爆发出一片赞成的声音。那是一个激动人心的时刻，利奥波德的胜利是彻底的。

　　利奥波德以刚果自由邦国王的名义，开始采取一个开明的19世纪统治者应有的举措。到了1889年，他修建了一条铁路，穿过几乎无法穿越的山脉和丛林，建立了一个现代化的交通系统。在1889到1890年，利奥波德在布鲁塞尔主办了一次

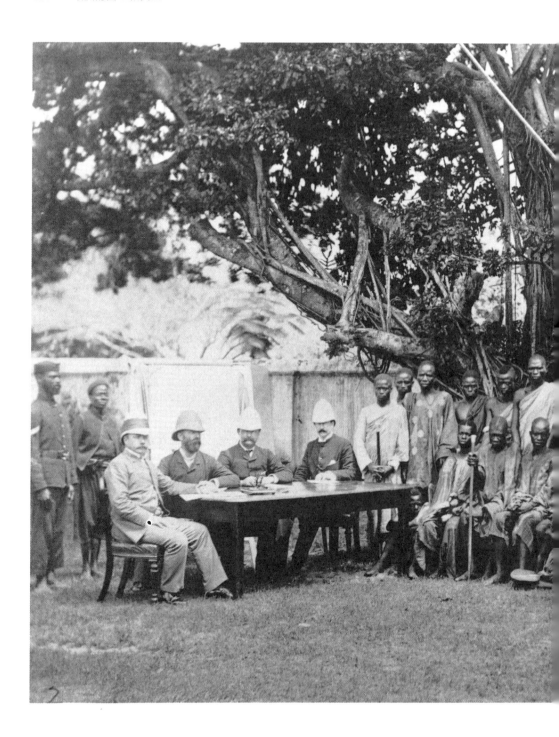

反奴隶制会议，旨在摧毁奴隶交易。参加会议的有英国、法国、德国和其他帝国主义大国，利奥波德建议他们在各自的领土上建造一系列的堡垒。这些堡垒将阻止"阿拉伯"奴隶主的袭击，并作为追捕将奴隶运送到内地的商队的基地。

左图：非洲大陆被几个欧洲国家瓜分，旨在建立或扩大它们的帝国。这是1885年英国占领尼日利亚后，当地部落的代表与英国官员会面的场景。

利奥波德得到了他的战利品

正如利奥波德希望的那样，一切看起来不错，但是与以往一样，人道主义色彩是具有欺骗性的。利奥波德的真正目的是扩大利益。例如，利奥波德在1891年和1892年颁布的法令有效地将象牙和橡胶贸易变成了国家垄断。这反过来又剥夺了生活在乌班吉 - 韦莱（Ubangi-Uele）河流域森林及其周围的刚果人的谋生途径，他们在那里猎杀大象以获取象牙，开采橡胶树。现在，除非他们把自己的产品交给比利时当局，否则这是被禁止的。与此同时，韦莱河山谷的所有贸易都被禁止，这即使不破坏当地刚果人的生计，也会造成很严重的破坏。

虐待和剥削

在当地居民为生存而苦苦挣扎时，刚果自由邦的橡胶出口量从1893年的不到

上图：在比利时官员的注视下，两名刚果橡胶工人在称重。如果当地工人未能达到设定的目标，他们可能会受到严厉的惩罚。

250吨上升到1901年的6000吨。从经济层面上来看，自由邦似乎在蓬勃发展。但在社会层面上，这是一场灾难。在这些飞速增长的贸易数字背后，是刚果自由邦令人震惊的虐待和野蛮剥削的故事。1891年之后，大量的信件和报告传到了伦敦的英国殖民办公室，讲述了比利时当局是如何残酷地虐待非洲人的。目击者谈到了鞭

上图：亨利·莫顿·史丹利（Henry Morton Stanley）是一位记者出身的探险家，他帮助利奥波德国王开发了刚果。这里显示的是他为他最著名的探险活动所做的打扮：寻找探险家大卫·利文斯通博士（Dr. David Livingstone）。

打、酷刑、强迫劳动、劫持人质、用铁链锁住囚禁，以及由此造成的一些死亡，还有一些关于其他非人道待遇的可怕故事，甚至还有对整个刚果村庄的屠杀。

然而，这绝不是事情的结束。在刚果的传教士们也加入了殖民者的行列，残忍地对待对当地人，国家士兵也掠夺他们的家园和财产。这些故事被刊登在各大报纸的头条上，并在英国最著名和最受尊敬的报纸《泰晤士报》上受到特别关注。

亨利·莫顿·史丹利警告利奥波德国王，这些恐怖故事在英国产生了有害的影响。他对国王说："英国人非常相信他们在印刷品上看到的东西。"利奥波德国王似乎把这一教训记在心里。

他在给刚果行政长官埃德蒙·范·艾特菲尔德男爵（Baron Edmond van Eetvelde）的信中说，"如果刚果存在虐待行为，我们必须制止他们，因为如果这种行为长期存在，它们将会导致我们国家的崩溃。"

患有疑病症的利奥波德国王

利奥波德二世有点像一个疑病症患者，为了保护自己的健康，他不惜采取极端的手段：他的自我保护意识很强，甚至为自己的胡子做了一个防水罩，防止胡子在雨中被淋湿，这样他就不会感冒了。如果有人在他身边打喷嚏，他会因为担心自己被传染而几乎恐慌起来。利奥波德的一些副官很快就学会了如何利用他对疾病的恐惧来为自己谋利，他们假装感冒来获得一两天的休息时间。利奥波德禁止他们接近他或他的宫廷，直到他们康复为止。

右图：老年的利奥波德国王是一个疑病症患者。对他的副官来说，从工作中获得假期的方法是假装生病，最好是得了什么传染病。

一个狡猾的烟幕弹

利奥波德成立了一个保护原住民委员会，其任务是对任何引起他们注意的不当行为提出建议。不过，这似乎是利奥波德的另一个烟幕弹，因为新委员会的组织方式几乎保证了它不能发挥任何作用。委员会的成员都是传教士，他们相距数百公里，因此，即使在最理想的情况下，他们互相交流也很不容易，这大大损害了他们之间的联系。此外，委员会的权力是有限的：他们无权要求提供信息，即使他们所面对的正是想方设法要隐瞒信息的官员。不出所料，委员会几乎没有取得任何值得注意的成果，如果有什么值得注意的话，那就是滥用职权的行为仍在继续。

一些最恐怖的虐待案例是随着橡胶生产的配额制度而产生的，而橡胶生产是刚果经济最重要的组成部分。如果当地居民没有生产出应有的橡胶，殖民者就会实施恶毒的惩罚——鞭笞、殴打、残害，甚至谋杀他们的家庭成员——以使他们做得更好。

一位传教士约翰·哈里斯（John Harris）在1905年写了一份令人痛心的文章，描述了生产橡胶不足的人是如何被残酷地惩罚的。他写道："来自刚果河以南的人们告诉我说，有一次，因为他们运来了49筐而不是50筐的橡胶，其中一些人被关进了监狱，并有哨兵去惩罚这些人……所有人都有近亲被残忍杀害的惨痛经历。有些人在他们眼前被枪杀；在其他情况下，他们逃到灌木丛中自救，当他们回来时，发现他们亲属的尸体躺在地上。"

"当这些人到森林里去取橡胶时，他们的妻子被哨兵们激怒、虐待、带走。鉴于他们在压迫者手中所遭受的一切苦难，人们不禁要问，他们难道不仇恨看到白人吗？我们传教士有时会觉得，我们通过基督传递的救赎信息对他们来说一定是一种嘲弄。"

当刚果的暴行消息传出来时，首先在英国引起轩然大波，随后又传到了德国。1899年，科隆的一家报纸《科隆日报》（*Kölnische Zeitung*）刊登了一篇谴责刚果暴行的报道。在这份报道中，自由邦保护国泽米奥苏丹国的长官阿希尔·菲耶韦（Achille Fiévez）被指控犯有不少于1308起残害行为，其中大部分是砍手行为。

利奥波德成立了一个保护原住民委员会，其任务是对任何引起他们注意的不当行为提出建议。

他们逃到灌木丛中自救，当他们回来时，发现他们亲属的尸体躺在地上。

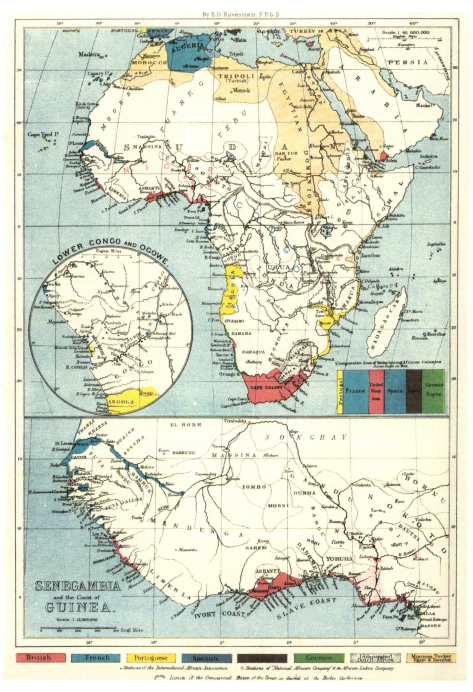

上图:1865年,当利奥波德成为比利时国王时,非洲的地图上还有许多空白。到1884年,欧洲殖民者已经占据了非洲的大片地区。

一连串的批评

此时，在19世纪至20世纪之交，利奥波德发现自己受到了来自四面八方的抨击，认为他应对一些可能犯下的最可怕的暴行负责。但也不全是真的，有的是夸大其词，有的是彻头彻尾的谎言，有的是添油加醋的猜测。然而，现有的充分证据足以证明，在刚果已经形成了一种骇人听闻的野蛮状态，无辜的刚果人民在商业利益的名义下被虐待和谋杀。这些虐待行为的规模令人震惊。据估计，自1885年自由邦成立以来，刚果的人口减少了70%，从约3000万减少到900万。至此，利奥波德国王多年来塑造的善意、人道主义关怀和文明目的的面具终于脱落了。

据估计，自1885年自由邦成立以来，刚果的人口减少了70%，从约3000万左右减少到900万。

暴行和虐待

在20世纪初，当刚果自由邦第一次被指控有暴行和虐待行为时，利奥波德

上图：1904年，在英国领事馆工作的罗杰·凯斯门特爵士（Sir Roger Casement，左一）报告了在比属刚果发生的暴行。图为他和刚果人在一起，他们拿着被刚果"自由邦"军队杀害的人的断手。

深感受伤。然而，随着对他的攻击升级到几乎是世界性的规模，他认为他看到了背后的原因：他觉得这是英国的一个阴谋，受到国王爱德华七世支持和恶意的嫉妒驱动，所有这些都是为了摧毁刚果自由邦，并随之摧毁他一生中的伟大成就和努力。

1903年，当英国驻刚果领事罗杰·凯斯门特爵士被派往自由邦调查情况时，这种阴谋论在利奥波德的脑海中愈加强烈。凯斯门特发现了一连串的恐怖事件，包括一名年轻男子的双手被人用枪托顶在树上打掉。在另一个村庄里，有三个小孩、一个青年和一个老妇人被砍去了右手的手腕。

凯斯门特报告说："我参观了内地的两个大村庄。我发现现在有一半的人口是难民……我看到并询问了好多这样的人……当他们被问及为什么要逃离他们的地区时，他们继续说，他们遭受了政府士兵非常恶劣的对待……这种生活已经变得无法忍受了。他们在家里一无所有，甚至会因为没有带来一定数量的橡胶而被杀害，如果试图提出一些要求，士兵就会让他们冻死或者饿死……"

凯斯门特本来

左图：利奥波德国王曾以刚果人的恩人自居，但他在刚果默许进行的近乎种族灭绝的行为招致了千夫所指，万民唾弃。

打算进一步深入刚果的内部，但到了1903年11月，也就是他到达刚果的6个月后，他觉得自己已经看够了、听够了。他回到英国，向外交部提交了他的报告。

有了凯斯门特的报告，再加上1903年也曾访问过自由邦领土的第一世克罗默伯爵伊夫林·巴林（Evelyn Baring）的类似观点，以及1905年英国调查委员会的结论，任何否认、抗议或掩饰都救不了利奥波德了，对他不利的证据已经堆积如山。

政府介入

到那时为止，比利时政府一直保持着观望的态度。但是，刚果的丑闻以及那里发生的剥削和虐待实在是可恶至极，比利时政府不能再袖手旁观了。有人说，如果

上图：这份由国王利奥波德二世于1906年签署的文件，结束了他对刚果的控制，并允许比利时政府吞并他认为是他私人拥有的领土。

国王不能或不愿意进行基本的人道主义改革来纠正现在的局势，他们就会把刚果从国王的管辖范围中移除，把它并入比利时。没有人相信专制的利奥波德会后退到这一步，如果他真的会后退也没人相信。1906年，比利时议会通过了一项议案，要求对吞并刚果的法律框架进行审查，利奥波德对此表示强烈反对，要想从他手中夺回他的这块私人殖民地并不是一件容易的事。

刚果的丑闻和发生在那里的剥削和虐待实在是可恶至极，比利时政府不能再袖手旁观了。

国王说："我对刚果的权利是不能分享的，它们是我自己的劳动成果，而刚果自由邦的反对者们却要求立即吞并。这些人无非是希望政权的更迭能有效地破坏目前正在进行的工作，并使他们从残骸中获得一些丰厚的战利品。"

利奥波德低估了他在比利时议会中的自由派敌人。他们希望利奥波德立刻离开刚果。4个月后，英国议会进行了一场类似的辩论，得出了同样的结论，理由也是一样的。没有任何迹象表明刚果会进行什么改革，也没有迹象表明当地居民的状况将以哪些方式得到改善。然后，在1906年12月13日，利奥波德突然改变了态度，宣布他赞成吞并刚果，并希望它尽快实行。

这一突如其来的转变很大程度上是因为有消息称美国可能很快就会介入刚果事件。利奥波德一直很重视美国的认可和支持，为了确保这一点，他邀请丹尼尔·古根海姆（Daniel Guggenheim）等美国百万富翁投资开发刚果河支流开赛（Kasai）河河口的一片土地，面积超过100万公顷。利奥波德希望通过这种方式将自由邦的财富与外国公司捆绑在一起，对这些公司进行投资，并通过它们保持对刚果货币供应的控制。然而，如果美国人站在他的欧洲敌人那一边，利奥波德的计划就会落空了。

利奥波德失去了他的控制

无论如何，这个计划还是失败了。利奥波德再一次低估了反对他刚果政策的力量。美国人，像英国人以及德国人一样，对在刚果发生的残酷和虐待行为感到震惊，他们拒绝支持利奥波德。在这个强大的统一战线反对他的情况下，利奥波德已经知道他的结局了。1906年12月14日，比利时首相贝尔纳特·斯梅特·德·纳耶尔男爵（Baron Beernaert Smet de Naeyer）宣布，他的政府将致力于吞并刚果。有一段时间，利奥波德一直在想着只有他对刚果有权利，但这是一个幻想，很快就破灭了，因为在1908年10月18日，他被迫签署割让条约，最终刚果不再受他管辖，成了比利时的殖民地。

比利时此时是利奥波德所希望的帝国，但对于他来说，付出的代价是自己沦落到一个社会弃儿的地位。他被刚果人民所憎恨，被他的政府和人民、国外的公众舆论以及他的君主伙伴们和他们的大臣、外交官和议会所唾弃。在个人方面上，利奥波德也与他的妻子和三个女儿中的两个产生了隔阂。

在这个世界上，似乎只有一个人想了解这位比利时国王，那就是布兰奇·德拉克洛瓦（Blanche Delacroix）。她在1900年成为利奥波德的情妇，后来为他生下了两个儿子。她给他带来了一些幸福，但他们的婚外情也引起了信奉天主教的比利时人的不满，他们严格的道德观念不容许有不正常的关系。

比利时此时是利奥波德所希望的帝国，但对于他来说，付出的代价是自己沦落到一个社会弃儿的地位。他被刚果人民所憎恨，被他的政府和人民所唾弃。

甚至在死后也被人鄙视

利奥波德在失去刚果自由邦的时候已经将近75岁了。这是一次创伤性的经历，在此之后他没活多久。1909年12月初，他因肠道堵塞而病重。没有任何药物或其他治疗方法能成功改变病情，利奥波德意识到他快要死了。他召见了他的神父库里安（Coorean），并与他的情妇布兰奇·德拉克洛瓦结婚，他将她封为德·沃恩女男爵。几天后，利奥波德去世了，陪伴他走到最后的布兰奇泪流满面地被带走了。

在他去世前一个月，利奥波德曾指示，他的葬礼应该是一个简单的事件，不要盛大的排场，也不要跟随他的队伍。但是人们担心，一个简朴的葬礼会被解读为对已故国王的侮辱，以及对他的继任者、他的侄子阿尔贝（Albert）和他的政府的最后一次残酷的讽刺。

利奥波德的愿望被忽略了。他在布鲁塞尔的王宫接受了两天的瞻仰，之后又举行了与他的地位相称的全套国葬仪式。同样，利奥波德给自己招致的敌意和厌恶在仪式上也显露出来。在观看他葬礼队伍的人群中，他的敌人决心要掌握最后的话语权。当他的队伍经过时，一些围观者发出嘘声，据说还有人向他的棺材吐口水。没有人比他更令人厌恶了。

上图：利奥波德二世在比利时受到了他臣民的厌恶，1909 年，在他的葬礼队伍中，一些人对他的棺材发出了嘘声并吐口水。这幅插图描绘的是他临终时的情景。

利奥波德三世 (1901—1983)

　　英雄国王的儿子们总是很难与他们父亲的声望相提并论，1934 年继承比利时王位的利奥波德三世（Leopold III）无疑就是其中之一。他的父亲阿尔贝一世在第一次世界大战期间使自己成为比利时的民族英雄。作为他的儿子和继承人，利奥波德三世从没有达到他父亲光辉的高度。相反，他的统治充满了痛苦的争议。最后一次的争议让他失去了王位。

　　1926 年，利奥波德迎娶了美丽的瑞典公主阿斯特丽德（Astrid）。阿斯特丽德在比利时很快就受到了欢迎，因为她自然不做作，举止优雅，拒绝遵守严格的王室礼仪，所以赢得了人们的喜爱。每次公开露面时，她都需要与蜂拥前来的崇拜者们保持距离。利奥波德和阿斯特丽德有一个女儿和两个儿子，并计

上图：1951年7月16日，不受欢迎的比利时国王利奥波德三世签署了一份退位文书，让位给他的儿子博杜安（Baudouin，最右）。

划在1935年迎来第四个孩子。这一年的8月29日，利奥波德正驾车沿着他们位于瑞士卢塞恩湖畔的别墅附近一条狭窄、蜿蜒的道路行驶，没有任何预兆，他的汽车突然失去了控制。车子偏离了道路，坠入一个峡谷，然后跌入湖中。29岁的阿斯特丽德和她未出生的孩子一起遇难。

这对比利时人民的影响堪比1997年威尔士王妃戴安娜去世对英国人的影响，戴安娜也在车祸中英年早逝。当阿斯特丽德被安葬在拉肯圣母教堂的王家墓地时，哀悼的人群悲痛欲绝。她的坟墓在此后的许多年里成为朝拜的焦点。从某种意义上说，比利时人从未停止过对阿斯特丽德的哀悼，并把她的死亡归咎于她的丈夫。利奥波德在比利时变得越来越不受欢迎，并且永远无法挽回自己的声誉。

被指控为懦弱

1940年，在第二次世界大战开始后不久，纳粹德国的军队入侵了比利时，比利时人民对国王的敌意就开始了。比利时军被德国的闪电战彻底击败了，但

上图：1935年，利奥波德三世美丽的瑞典妻子阿斯特丽德王后在一次车祸中丧生，当时是利奥波德驾驶的汽车。此后，比利时人从未原谅过他。

他们还是成功地将入侵者阻挡了两个多星期的时间。利奥波德国王阻止了比利时人战斗到底的想法，因为他意识到，如果敌对行动继续下去，他的人民可能会被屠杀，他们的城镇和村庄也会被摧毁。利奥波德向入侵者投降，尽管他拒绝与他们合作，但他仍然被英国首相温斯顿·丘吉尔和法国总理保罗·雷诺指控为懦弱和叛国。

利奥波德陷入了泥潭。比利时人确信利奥波德背叛了他们，他们的态度反映在他的政府大臣们身上，大臣们逃到伦敦以躲避入侵者。他们在那里建立了一个流亡政府，但是拒绝接受利奥波德作为他们的国王。

利奥波德在战争的余下时间里一直是德国人的俘虏。然后，在1941年9月11日，他又引起了另一场争议，这次是他的再婚。利奥波德的第二任妻子莉莉安·巴勒斯（Liliane Baels）——后来被封为"莱斯王妃"——在比利时是一个令人讨厌的人物，比利时人民把她的婚姻当作是对已故王后阿斯特丽德的侮辱。

战争于1945年结束，但利奥波德并没有立即恢复他在比利时的统治地位。德国人在1944年将国王和他的家人转移到萨克森州的一个堡垒；在战争结束前几个月，他们再次被转移，这次是转移到了奥地利的萨尔茨堡。在美国军队解放他们后，国王选择不立即返回比利时。他搬到了瑞士，他在那里待了6年，直到他在比利时的地位得到解决才回去。

1946年，一个特别调查委员会裁定利奥波德不犯有叛国罪，但他对国家的忠诚仍然受到怀疑，人民对他的强烈不满情绪未能缓解。1950年，比利时举行了一次全民公决，以决定比利时人是否希望他们的国王回来。结果看起来很有希望：大约57%的比利时人投票支持他回国，但利奥波德回国后的情况就大不相同了。迎接他的是罢工和声势浩大的抗议活动，其中有几名示威者在抗议时被杀。内战似乎要在利奥波德的支持者和他的反对者之间爆发了。利奥波德没有分裂国家和破坏君主制，而是决定让位给他的长子博杜安，博杜安于1951年7月16日继承了王位。利奥波德于1983年去世，终年82岁。

阿尔贝二世国王和他的私生女

在围绕国王利奥波德三世的丑闻和争议发生后的至少半个世纪里，比利时王室精心塑造了一个可敬的，甚至是稳重的形象，这使得他们过于沉闷，无法引起媒体的兴趣。

然后，在1999年10月，一桩性丑闻爆出，据说国王阿尔贝二世（Albert II）于1968年有了一个私生女。电视台对此进行了广泛报道，在英国，《泰晤士报》在其头版上大肆报道了这一消息。

"这是一场王室的地震，"一位报纸编辑评论说，"在我们的历史上，比利时媒体第一次透过王室宫殿的钥匙孔窥视。"

如果这是一场地震，那么比利时王室就会尽最大努力抵御余震，防止媒体披露过多的信息。尽管如此，媒体还是发现了足够的证据，证实了阿尔贝的私生女是德尔菲娜·博埃尔（Delphine Boel），一位住在伦敦波多贝罗路的雕刻家和艺术家。德尔菲娜的母亲，比利时贵族西比尔·德·塞利斯·朗尚男爵夫人（Baroness Sybille de Selys Longchamps），在德尔菲娜出生后嫁给了一个富有的实业家，当时传闻中德尔菲娜的王室父亲是已故国王博杜安的继承人和弟弟阿尔贝。阿尔贝在1993年继承了他哥哥的位置。

然而，在第一次曝光之后，所有相关方——西比尔男爵夫人、德尔菲娜和比利时王室新闻办公室——都对这一事件闭口不提。王宫将这一故事斥为"恶意的谣言"，阿尔贝也否认德尔菲娜是他的女儿。目前关于此事还没有正式的证据，也没有进行过亲子鉴定，但近年来德尔菲娜一直寻求阿尔贝承认自己是他的女儿。

上图：1999年，比利时国王阿尔贝二世的私生女德尔菲娜·博埃尔（右）与她的母亲西比尔·德·朗尚男爵夫人（左）一起去购物。

第十四章

摩纳哥的
格里马尔迪家族

摩纳哥亲王格里马尔迪家族的雷尼尔三世（Rainier
III），他的妻子、前好莱坞电影明星格蕾丝·凯利
（Grace Kelly）和他们的三个孩子——组成了另一个王
室，这个家族为谣言传播者和大众媒体提供了大量的淫
秽八卦、影射和轰动性的新闻。

左图和上图：1956年1月5日，雷尼尔亲王和女演员格蕾丝·凯利宣布订婚，
两人在凯利的父母家中合影。同年，凯利嫁给雷尼尔，放弃了她成功的好莱坞
电影事业。

新闻里不是雷尼尔和格蕾丝的浪漫历险记，就是他们的两个女儿卡罗琳（Caroline）和斯蒂芬妮（Stephanie）的荒唐行为。她们都是先怀孕后结婚的。还有就是她们的兄弟阿尔贝，这个地中海小公国的现任统治者，随着年龄的增长，他一直未婚，就有人认为他的性取向非常可疑。

凯利是20世纪50年代好莱坞的明星，具有讽刺意味的是，故事源于好莱坞为美丽的金发女郎格蕾丝·凯利制造的令人信服却虚假的白雪公主形象。她被塑造成一个贞洁的罗马天主教徒形象，非常谨慎，不会"胡闹乱搞"，同时也是一个年轻的女人，她避开了这个迷人的电影之都提供的所有诱惑，不管是性诱惑还是其他方面的诱惑。在格蕾丝与雷尼尔亲王在摩纳哥举行那场所谓的"童话般"的婚礼之前，她的记录显然被检查过，看她是否有任何丑闻、恋情或不太体面的男友。任何不愉快的事情都可能毁掉格蕾丝嫁给雷尼尔的机会：作为一个在位的亲王，他无法容忍一个有可疑过去的妻子，同时也是他未来继承人的母亲。但是调查没有发现任何污点，至少对外宣称如此。婚礼如期于1956年4月19日在摩纳哥举行。

图片下的真相

随后，人们发现关于她的调查报告是有史以来最大的掩盖真相的事件之一。向媒体爆料格蕾丝在遇见雷尼尔之前的生活真相的是一个无可争议的人物——她的母亲玛格丽特·凯利（Margaret Kelly）。格蕾丝之前的恋人太多了，那些信息多到让媒体足足创作了一个十集的系列报道，篇章名为《我的女儿格蕾丝·凯利——她的生活和浪漫史》（*My Daughter Grace Kelly: Her Life and Romances*），在美国各地的报纸上登载。其中不乏著名的人物：这个系列报道的演员名单几乎囊括了20世纪50年代初在好莱坞拍过电影的所有的男明星，无论是已婚还是单身。

她的母亲玛格丽特·凯利向媒体披露了女儿风流韵事的真相。其中不乏著名的人物：名单上几乎囊括了好莱坞所有的男明星，无论是已婚还是单身……

其中包括加里·库珀（Gary Cooper）、平·克劳斯贝（Bing Crosby）、威廉·霍尔登（William Holden）、雷·米兰德（Ray Milland）、弗兰克·辛纳屈（Frank Sinatra）和大卫·尼文（David Niven）。克拉克·盖博（Clark Gable）也在其中，1952年格蕾丝在拍摄电影《红尘》（*Mogambo*）时迷住了他。据称她母亲评论说："当你和克拉克·盖博单独在非洲时，你还会做什么？"卡里·格兰特（Cary Grant）与格蕾丝分分合合，纠缠了长达7年。好莱坞著名的惊悚片导演阿尔弗雷德·希区柯克（Alfred Hitchcock）也爱上了格蕾丝。他住在离她在洛杉矶月桂峡谷（Laurel Canyon）的家一英里远的地方，并为自己配备了一个高倍的望远镜，这样他就可以看到格蕾丝在一扇开着的窗户旁边脱衣的样子。

其他"可疑的"人物也被列为格蕾丝的情人。其中一个是法国电影明星让-皮埃尔·奥蒙特（Jean-Pierre Aumont），格蕾丝怀疑他是想通过与她一起出现在狗仔队"引起轰动"的照片上来促进自己的事业。另一个是时装设计师奥列格·卡西尼（Oleg Cassini）。1955年他们第一次见面后不久，格蕾丝和卡西尼宣布他们决定结婚，而且显然是急于这样做。据了解，他们着急的原因是格蕾丝怀孕了。格蕾丝的父母不同意卡西尼，他比他们的女儿大16岁，而且已经结过两次婚，又离过两次婚。格蕾丝屈服于父母的压力，没有与卡西尼结婚，而是做了流产。此后，卡西尼总是拒绝谈及此事。他说："这件事情太微妙了，让人们想怎么想就怎么想吧。"

对继承人的需求

当玛格丽特·凯利的爆料出现在美国媒体上时，雷尼尔正在美国。他于1955年晚些时候抵达美国，表面上是为了进行一次体检，实际上，雷尼尔想看看格蕾丝并见见她的家人。众所周知，这位32岁的亲王出于政治和个人原因正在寻找一个合适的妻子：如果他没有结婚，去世后没有合法的继承人，根据1918年签署的条约，摩纳哥将会被法国吞并。雷尼尔认为阻止这种事情的发生是他义不容辞的责任。他曾希望与法国模特兼女演员吉赛尔·帕斯卡尔（Gisèle Pascal）结婚，但在得知体检结果显示她不能生育时，他被迫与她分手。当帕斯卡尔在1962年生下一个孩子时，他才知道这一诊断是错误的。雷尼尔伤心欲绝，但那时已经太晚了，雷尼尔已经与格蕾丝·凯利结婚5年了。

上图：格蕾丝·凯利在她最后一部好莱坞电影《上流社会》（*High Society*）中与歌手兼电影明星平·克劳斯贝跳舞。据说克劳斯贝是格蕾丝的众多情人之一。

寻找一个合适的新娘

　　1955年，在雷尼尔的准新娘名单上有好几个名字，但雷尼尔认为格蕾丝·凯利是最合适的人选——因为她的长相、她的优雅、她的名气和她的生育能力，这些在一次例行测试中已经得到了证明。

上图：从表面上看，格蕾丝·凯利没有辜负米高梅公司为她创造的纯洁名声。但这个表面是骗人的。

雷尼尔和格蕾丝第一次见面是在 1955 年 9 月，当时格蕾丝正在参加戛纳电影节。让雷尼尔感到惊讶的是，格蕾丝并不是他所想象的那种面无表情、魅力四射的高冷女王，而是一个讨人喜欢、平易近人、举止优雅的年轻女性，她没有电影明星通常会有的那种苛刻的气质。他们在美国的会面证实了他的看法，包括雷尼尔在格蕾丝拍摄最后一部电影《上流社会》的片场待了几天。除了格蕾丝，这部电影还有她的两个前情人，平·克劳斯贝和弗兰克·辛纳屈，但雷尼尔似乎已经完全被格蕾丝的"好莱坞制造"纯真形象所吸引，他完全没有注意到这两个男人不仅仅是和格蕾丝一起合作拍电影的关系。

杰克·凯利（Jack Kelly）是格蕾丝的严厉、直言不讳的父亲，他更让人难以相处。简单来说，格蕾丝的父母不同意雷尼尔。虽然他是王室成员，但格蕾丝父母认为他配不上他们的女儿。杰克还认为雷尼尔是为了格蕾丝的钱，后来当亲王要求200 万美元的嫁妆时，杰克大发雷霆。此外，在杰克·凯利的印象中，雷尼尔是摩洛哥（非洲西北部国家）王子，而不是摩纳哥（欧洲西南部国家）亲王，一想到格蕾丝要嫁给这个非洲西北部一个伊斯兰国家的人，他就感到很震惊。

杰克·凯利是这样说的："我不希望一个没有任何人听说过的国家的没落王子与我的女儿结婚。"但他最终冷静下来，支付了 200 万美元的嫁妆，因为在势利的美国上流社会里，选择一个王室成员，即使是一个"没落的王子"作为女婿，也比选择其他社会阶层有野心的家庭要好。

仓促的掩饰

当然，关于玛格丽特·凯利的一系列文章可能会破坏雷尼尔的整个安排，尽管他没有直接参与其中，但这种宣传使他几乎卷入丑闻。他很不安。雷尼尔很快就离开了美国，前往摩纳哥，留下格蕾丝、她的家人和她的米高梅电影公司，试图弥补损失。米高梅公司的高层开始紧急公关，思考应对方法，幸运的是那个时代的科技还没现在这么发达，他们不必与国际电视和广播、计算机链接、互联网网站和其他在世界各地迅速传播丑闻的

米高梅电影公司没有办法阻止关于凯利的系列报道出现在美国报纸上，但它确实设法拿到了所有打算发往欧洲的副本。这些文章经过了严格的编辑，删除了任何有关性或其他不端行为的报道。

手段做斗争。米高梅电影公司没有办法阻止关于凯利的系列报道出现在美国报纸上，但它确实设法拿到了所有打算发往欧洲的副本。这些文章经过了严格的编辑，删除了任何有关性或其他不端行为的报道。然后这些经过编辑的文章被发往大西洋彼岸，让欧洲报纸的读者相信雷尼尔亲王的新娘就是她表现的这样：没人亲近过的处女。

孩子的到来

　　婚礼结束后不久，摩纳哥王妃格蕾丝宣布即将迎来她的第一个孩子，任何与真相擦肩而过的传言都消失了。摩纳哥人以前所未有的方式庆祝这件事，因为雷尼尔亲王有了继承人意味着摩纳哥不再受法国法律的影响，尤其是税收的自由。这对夫妇的第一个女儿卡罗琳公主于1957年1月23日出生，随后在第二年的3月14日生下了儿子阿尔贝王子。在两年内，雷尼尔和格蕾丝成功地生下了"一个继承人和一个候补继承人"，他们婚姻的第一个目的已经实现了，其他社会目的也逐步实现了。这位前电影明星成为摩纳哥红十字会和摩纳哥花园俱乐部的主席，并创建了格蕾丝王妃基金会，这个基金会致力于让年轻人参与创造性艺术，并为合适的学生设立奖学金。

　　1965年2月1日，格蕾丝生下了第三个孩子——斯蒂芬妮公主，但那时她与雷尼尔的婚姻似乎已经出现了问题，而且已经有一段时间了。1960年，当格蕾丝回到费城陪伴因胃癌而生命垂危的父亲时，有人看到雷尼尔与她的一位女侍臣出去约会了。当格蕾丝回来时，她要求雷尼尔告诉她发生了什么事。雷尼尔否认了一切。这位女侍臣被解雇了，但这对格蕾丝来说是不够的。她邀请了她的一位前电影明星情人卡里·格兰特到摩纳哥，并安排摄影师在机场拍摄二人接吻。从报纸上出现的照片来看，格蕾丝所做的似乎不仅仅是欢迎一位老朋友的到来。雷尼尔进行了反击，他禁止摩纳哥的电影院放映1955年的电影《捉贼记》（*To Catch a Thief*），在这个电影中格蕾丝和格兰特有爱情戏。

　　此后，雷尼尔和格蕾丝的婚姻逐渐变成了一场夺分比赛的游戏，一个比一个高，以显示他们中的哪一个占了上风。格蕾丝在摩纳哥变得非常受欢迎，深受人民的喜爱。雷尼尔逐渐觉得自己处于次要地位，开始嫉妒起来。他们的朋友们注意到，他总是把格蕾丝推到幕后，而在这之前，他曾就摩纳哥政府的一些问题征求过她的意见。

婚姻彻底破裂

一连串的谣言出现了，它们暗示着这段"童话般的婚姻"即将破裂：雷尼尔和格蕾丝分别睡在各自的卧室里，还有关于他们各自婚外情的说法。孩子们似乎占据了格蕾丝大量的时间和精力，因此她几乎没有时间留给雷尼尔。雷尼尔对此很反感。不过，格蕾丝确实开始花费越来越多的时间离开摩纳哥去访问她的家人，或者带着孩子们去巴黎。没过不久，格蕾丝的巴黎之行不再是单纯的访问：她在法国首都居住了很长一段时间，而雷尼尔则留在摩纳哥，在那里过着自己的生活。似乎在巴黎，当时已经40多岁的格蕾丝"包养"了比她年轻10或15岁左右的年轻男子。

巴黎并不是唯一能找到这些"花花公子"的地方，格蕾丝的朋友们称她为年轻人的恋人。在纽约时，格蕾丝遇到了33岁的瑞典演员佩尔·马特森（Per Mattson），马特森立刻被邀请到格蕾丝的酒店房间，并在那里一直待到第二天早上5点。

经过20多年的婚姻，雷尼尔和格蕾丝之间的关系已经破裂，他们之间几乎不存在什么交流了。格蕾丝变成了一个悲伤的人物，她酗酒、暴食，身体越来越胖。1978年春天，她住在英国作家格温·罗宾斯（Gwen Robyns）在牛津郡的一处农舍里，两人正在那里合写格蕾丝的《花之书》（*Book of Flowers*）。令罗宾斯惊讶的是，格蕾丝说出了惊人的话。她说："我已经开始对嫁给雷尼尔这件事而难过。这不是我所希望的。"当被问及她为什么会有这种感觉时，格蕾丝回答说："他并不是真的对我感兴趣。"

统一战线

不过，雷尼尔和格蕾丝虽然在其他方面彼此疏远，但在一种情况下，他们像一个团队一样工作，那就是涉及他们的孩子。1978年，这对夫妇面临着所有父母都害怕的那种情况：他们的大女儿卡罗琳，当时21岁，她想嫁给一个她父母认为会给她带来灾难的男人。卡罗琳一直是一个"野孩子"，任性而叛逆。她在公共场合吸烟、酗酒，经常被拍到在夜总会和酒吧与摇滚明星或不太体面的放荡青年在一起。雷尼尔和格蕾丝扫视了欧洲的王室，急切地想找到一位能够控制他们任性女儿的王子。有人提议英国威尔士亲王查尔斯，但他不感兴趣。这并不奇怪，因为卡罗琳显然太过火了，他驾驭不了，其他人也是如此。

上图：1966年，雷尼尔、格蕾丝与他们14个月大的女儿斯蒂芬妮。继1957年出生的卡罗琳公主和1958年出生的阿尔贝王子之后，斯蒂芬妮是他们的第三个孩子。

花花公子银行家

与此同时，卡罗琳一直在做自己的安排。她爱上了巴黎的一位花花公子，富有的银行家菲利普·朱诺（Philippe Junot），她在1976年认识了他。朱诺比卡罗琳大17岁，在36岁时还在"乱搞男女关系"。除了沉迷于玩弄女性之外，他还对跑车和赛马感兴趣，这些都是寻欢作乐的人典型的消遣方式。雷尼尔和格蕾丝大吃一惊，他们试图通过把卡罗琳送到美国去，来分开这对情侣，想着眼不见，心就会不想了。但是朱诺跟了过来，他们的恋情又开始了。接下来，格蕾丝发出了最后通牒，她告诉卡罗琳："要么离开，要么嫁给这个不适合你的男人！"但是这没有任何作用。然后卡罗琳被拍到——上身赤裸着——和朱诺在一艘游艇上。卡罗琳的父母猜想着卡罗琳和朱诺已经睡在一起了（事实证明他们的猜想是对的），最终绝望地放弃了。雷尼尔向格蕾丝坦言，他很伤心。他说："我知道这场婚姻将以泪水收场。"

果然不出他们所料，卡罗琳和朱诺于1978年6月28日结婚，两年多后就离婚了。问题始于他们在波利尼西亚群岛的蜜月，当时卡罗琳发现她的新婚丈夫邀请了媒体摄影师拍摄报道他们的生活。朱诺打算把这些照片卖给世界的媒体，他们非常热衷于印刷这些照片。麻烦还在继续，因为很明显，朱诺并不想让他的婚姻妨碍他享受多年的与其他女人的"美好时光"。狗仔队的摄影师们很快就找到了朱诺与其他女人约会的地方。不久之后，卡罗琳也开始了自己的婚外情，狗仔队也在那里偷拍照片。丈夫和妻子互相指责对方通奸，这段婚姻最终在相互指责中于1980年10月9日结束。

格蕾丝的突然死亡

大约两年后，1982年9月14日，格蕾丝王妃因脑出血去世，终年52岁。当时她正驾车沿着一条蜿蜒的山路返回摩纳哥，这条山路从王家度假地的洛克天使酒店引出。汽车失控时格蕾丝17岁的小女儿斯蒂芬妮与她在一起。汽车驶离了公路，从30多米高的山坡上坠落。斯蒂芬妮受伤了，但却活了下来，尽管在后来的日子里，震惊和悲伤的长期影响似乎助长了她与她姐姐一样的"野孩子"倾向。

尽管多年来婚姻一直不如意，但妻子的意外离世令雷尼尔悲痛欲绝。

他说："我的生活将从此改变，没有格蕾丝，现在这些对我来说都不重要了。一切都没有意义。我的天，一切都没有什么意义了。"然后他就用手捂着脸哭了。他从未真正地从这件事中恢复过来。20年后，雷尼尔承认他对格蕾丝的死仍然和他第一次得知这件事时的心情一样。

雷尼尔比格蕾丝多活了23年，他在格蕾丝去世后迅速衰老，在60岁之前就成了一个白发苍苍的老人。他从未再婚，也不可能再婚。

尽管多年来婚姻一直不如意，但妻子的意外离世令雷尼尔悲痛欲绝。

公主又结婚了

卡罗琳与她父亲相反，在1983年12月29日再次结婚。她的第二任丈夫斯特凡诺·卡西拉吉（Stefano Casiraghi）是意大利石油产业的继承人。

卡西拉吉比卡罗琳小3岁，但他个性很强势，最后总算让公主规规矩矩。卡罗琳嫁给卡西拉吉时已经怀孕了，这让她那思想传统的父亲感到很痛苦。然而，在和

上图：1978年，21岁的卡罗琳公主嫁给了她三任丈夫中的第一任，38岁的花花公子菲利普·朱诺。他们的婚姻并没有持续很久，这对夫妇于1980年离婚。

菲利普·朱诺的婚姻失败之后，雷尼尔知道卡西拉吉是一个真正关心他女儿的丈夫，这让他松了一口气。卡西拉吉在婚后被封为摩纳哥公爵，卡罗琳觉得和他在一起很"安全"。他无疑是她一生的挚爱。但格里马尔迪家族的悲剧还没有结束，据说他们受到了诅咒，这意味着他们永远不会有长久的婚姻。

1990年10月3日，也就是与卡罗琳结婚将近七年后，世界汽艇冠军卡西拉吉在费拉角（Cap Ferrat）附近参加比赛时，他的船翻了，后来沉没。卡西拉吉不幸遇难，时年30岁。前一天去巴黎访问的卡罗琳听到这个消息后变得心烦意乱。她立即回到了摩纳哥。雷尼尔也受到了很大影响：当听到他视如儿子的女婿的死讯后，他泪流满面，几乎休克了。

卡罗琳为她年轻的丈夫哀悼了许多年，但她还有3个年幼的孩子需要照顾。多年以后，她解释了她是如何面对这项任务的。

卡罗琳解释说："当你身处一个非常狭窄的山谷中，没有办法回头的时候，力量就来了。你只需要选择过你自己的生活。我必须继续前进。"

上图：1982年，雷尼尔亲王出席了格蕾丝王妃的葬礼，但他一直没有从失去她的震惊和痛苦中恢复过来，并在随后的几年里迅速衰老。

斯蒂芬妮现在成了"野孩子"

但格里马尔迪家族的悲剧还没有结束，据说他们受到了诅咒，这意味着他们永远不会有长久的婚姻。

卡罗琳此时33岁，显然已经成熟了，不再是她年轻时那个暴躁的叛逆小孩。然而，比她小8岁的妹妹斯蒂芬妮行为不端，这也使得有关卡罗琳的争议看起来比较温和。斯蒂芬妮因母亲的去世而深受影响。她的骨折很快就痊愈了，但情感上的创伤仍然存在。毕竟，发生车祸时她和格蕾丝在一起，后来有传言说当时是她在开车。这使她明显是有罪的。斯蒂芬妮对此愤愤不平，但同时又似乎让人深信不疑。

就像许多在戏剧性的情况下逃脱死亡，而身边其他人却死去的人一样，斯蒂芬妮似乎失去了所有的自我保护意识——这个过程通常被称为"尽情地享受生活"。她不关心自己的健康和家人的感受，也不关心未来。

她经常醉醺醺地出现在公共场合，还吸食毒品。她与几个"不良的"年轻男子约会，并在1985年与巴黎的一家模特公司和美国的另一家模特公司签订了模特合同。雷尼尔感到很绝望。他老派的观点认为公主不应该屈尊做模特，但斯蒂芬妮还是坚持去做了，并为《时尚》《滚石》《世界时装之苑》和其他国际出版物拍摄了时尚照片。

右图：斯特凡诺·卡西拉吉，卡罗琳公主的第二任丈夫，是一位成功的商人和运动员。这对夫妇于1983年12月29日结婚，育有三个孩子。1990年，卡西拉吉在一次汽艇事故中丧生。

接下来，由于抱怨新工作带来的压力，斯蒂芬妮住进了巴黎的贝尔维德勒诊所，这家诊所专门负责为客户戒毒。雷尼尔、卡罗琳和阿尔贝来到她身边，劝她放弃当模特。

斯蒂芬妮开始设计泳装，然后成为一名歌手。她的单曲《不可抗拒》（*Irresistible*）在欧洲取得了巨大的成功，尤其是在法国，销量超过了100万张。这张唱片完全展示了斯蒂芬妮的"坏女孩"形象，雷尼尔认为它"具有挑衅性"。当然，它还利用了斯蒂芬妮的王室身份，而讽刺的是，她正试图摆脱这种身份。她继续努力，结果她的个人生活引起了轰动。1987年，她在毛里求斯度假时，有人拍到她赤裸上身拥抱时任男友马里奥·奥利弗（Mario Oliver）的照片，他是一个曾被判有罪的强奸犯。

他们两人很快就在好莱坞同居，住在本尼迪克特峡谷（Benedict Canyon）的一座豪宅里。斯蒂芬妮有结婚的想法，但雷尼尔一听到这个消息就表示他坚决反对。他威胁说，如果斯蒂芬妮敢嫁给马里奥，他就剥夺她的王室头衔。事实证明，雷尼尔本不需要这么费心。到1988年中期，斯蒂芬妮与马里奥的恋情已经结束了，她唯一能记住他的只有纹在她屁股上的他名字的首字母缩写。后来斯蒂芬妮通过激光手术痛苦地去除了这些首字母。

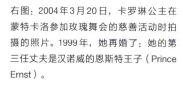
右图：2004年3月20日，卡罗琳公主在蒙特卡洛参加玫瑰舞会的慈善活动时拍摄的照片。1999年，她再婚了：她的第三任丈夫是汉诺威的恩斯特王子（Prince Ernst）。

左图：斯蒂芬妮公主多次试图脱离王室身份，过自己的生活。她的尝试之一是成为一名流行音乐明星：这张照片显示的是1985年10月14日她在录制一首名为《不可抗拒》的歌曲。

跑去参加马戏团

在与丹尼尔·杜克列（Daniel Ducruet，一名宫廷警卫）的婚姻失败后（见后文），斯蒂芬妮的过分行为远远没有得到治愈，她继续着她开始时的生活。1998年，她生下了她的第三个孩子，一个女儿，也是非婚生下的孩子。她拒绝透露孩子的父亲是谁，但流言蜚语和猜疑让雷尼尔宫殿的另一名警卫让 - 雷蒙德·戈特利布（Jean-Raymond Gottlieb）中招。2000年，斯蒂芬妮宣布了一段新的恋情：她生命中的新男人是佛朗哥·科尼（Franco Knie），他是广受欢迎的科尼马戏团的老板之一。斯蒂芬妮在执行王室任务时认识了佛朗哥，并在马戏团庆典上为他颁发了最佳驯兽师的银色小丑奖。结过两次婚的佛朗哥当年已经47岁了，他为了斯蒂芬妮离开了他的妻子。一年来，这位公主与佛朗哥和她的三个孩子住在一辆拖车里，跟着科尼马戏团从一个巡回演出到另一个巡回演出。斯蒂芬妮甚至允许她6岁的大女儿波琳（Pauline）在马戏团的舞台上与大象一起表演，而她8岁的儿子路易斯（Louis）则学习玩杂耍。

最终接受

斯蒂芬妮长期以来一直希望以摩纳哥公主以外的身份生活，而她在科尼马戏团的一年给了她这个机会。但就像斯蒂芬妮经常做的那样，这段感情并没有持续很久。到2002年，她与佛朗哥的恋情已经结束了。2003年，她与科尼马戏团的一名杂技演员阿丹斯·洛佩兹·佩雷斯（Adans Lopez Perez）结婚，在马戏团继续生活了一段时间。这段婚姻也以失败告终。在2004年两人结束关系后，斯蒂芬妮回到家乡摩纳哥生活。她此时39岁，已经花了20多年的时间努力摆脱王室的身份，她现在似乎终于接受了。她准备安定下来，履行她的职责，并将她的"野孩子"形象远远抛在身后。

斯蒂芬妮承认："我已经不再试图改变游戏规则，不再试图改变别人。生活中，你可以用别人给你的任何东西来建造你自己的道路，并从中做出你所能做的。我不会再回头看，也不会有任何遗憾。"

右图：斯蒂芬妮公主，25岁，摄于1990年，当时她还在用她的离谱行为制造一个又一个丑闻。

公主与保镖

斯蒂芬妮在与马里奥·奥利弗的关系破裂后，她的另外两段关系也同样短暂，其中一次是与一个因欺诈而入狱的男人，也同样短暂。然后她遇到了丹尼尔·杜克列，他是雷尼尔雇来保护他儿子阿尔贝的宫廷警卫。杜克列身材高大，黑头发，是个英俊强壮的人和健美运动员，身上有很多文身。他以前结过婚，1991年与前女友生了一个儿子。同年，雷尼尔选择杜克列在斯蒂芬妮的巡回演出中保护她。

这并不是一个好主意。斯蒂芬妮和杜克列开始了一段恋情，她在1992年和1994年生下了两个孩子。值得注意的是，这两次雷尼尔、卡罗琳和阿尔贝都没有到医院探望过她。但在1995年斯蒂芬妮和杜克列结婚时，他们都在场。有一段时间，这对夫妇看起来似乎很幸福，斯蒂芬妮在一次采访中说："他真的爱原本的我。他向我证明，我才是他最重要的人。"她的家人曾希望，当时30岁的斯蒂芬妮终于可以安定下来了。

这种希望是短暂的。1996年，杜克列被拍到与穆里尔·菲利·豪特曼（Muriel 'Fili' Houteman）在滨海自由城维尔弗朗什（Villefranche-sur-Mer）的游泳池边享受"性爱狂欢"。杜克列声称，他被豪特曼——1995年比利时的裸胸小姐——以及她的一个情人和一个摄影师诱骗了。他们在他的饮料中"下"了药，让赤裸裸的裸胸小姐更容易勾引他。

杜克列宣称："我的错误毁了我！我诅咒我遇到她的那一天。"他在谈到豪特曼时这样说。但无论是悔恨还是后来对3名同谋者判处的缓刑都无法拯救他。斯蒂芬妮立刻提出离婚，这段婚姻不到一年就结束了。

上图：丹尼尔·杜克列，一个高大英俊的运动员，被雷尼尔亲王雇佣为斯蒂芬妮的保镖。他后来成为她两个孩子的父亲，分别出生于1992年和1994年。斯蒂芬妮和杜克列于1995年结婚，但第二年就离婚了。

好儿子

阿尔贝王子，雷尼尔的独生子和继承人，一直与他的姐妹们形成鲜明对比。她们的行为浮夸，社交生活混乱。阿尔贝是个"好孩子"，讨人喜欢，彬彬有礼，被广泛誉为欧洲最理想的单身汉，但他似乎对女孩和奢华生活都不感兴趣，因此不值得在八卦专栏中出现。阿尔贝唯一能引发媒体兴趣的一件事就是他一直没有结婚。

到2002年，阿尔贝44岁了，仍然没有娶妻的迹象，雷尼尔决定他必须确保有人继承王位，否则摩纳哥就有可能回到法国的管辖之下。这一年，公国的宪法修改了，将卡罗琳列为她弟弟的继承人，在她之后是她的第二次婚姻与斯特凡诺·卡西拉吉所生的三个孩子，以及她1999年在第三次婚姻中与汉诺威的恩斯特·奥古斯特五世王子所生的3岁女儿。

3年后，也就是2005年4月6日，雷尼尔亲王去世，终年81岁，他的儿子继承了他的王位，成为摩纳哥阿尔贝二世亲王殿下。几乎在同一时间，阿尔贝公开了他多年来的两个秘密：他透露他有两个孩子。第一个是女儿，于1991年与一位美国女服务员塔玛拉·罗托洛（Tamara Rotolo）所生。他的另一个孩子是2003年出生

右图：斯蒂芬妮和她的第二任丈夫，马戏团杂技演员阿丹斯·洛佩兹·佩雷斯。两人于2003年结婚，于2004年离婚。

的儿子尼科尔·科斯特（Nicole Coste），他的母亲是一名空姐，1997年在法国航空公司的航班上认识了阿尔贝。这两个孩子都没有资格继承摩纳哥的王位，因为他们都是私生子。

　　然后，在2011年，这位53岁的君主与33岁的查伦·维特施托克（Charlene Wittstock）结婚，她是南非的前职业游泳选手。2014年，她生下了双胞胎雅克（Jacques）和加布里埃拉（Gabriella）。雅克现在是王位的第一顺位继承人。

一个美好的结局

　　随着低调的阿尔贝亲王掌权，以及他曾经桀骜不驯的姐妹们逐渐平静下来，变得更加成熟，摩纳哥王室家族一直蒙羞的时代可能要结束了。对于格里马尔迪家族来说，在经历了如此多的创伤和悲剧之后，阿尔贝的统治也可能为这种"童话式"的失败增添一个美好的结局。

上图：2006年11月19日，摩纳哥国庆日上的格里马尔迪家族。图片从左到右分别是卡罗琳公主、她的第三任丈夫汉诺威的恩斯特王子、她的弟弟阿尔贝亲王、她的大儿子安德烈·卡西拉吉（Andrea Casiraghi）和斯蒂芬妮公主。

图书在版编目（CIP）数据

欧洲的国王和女王 /（英）布伦达·拉尔夫·刘易斯著；王欢欢，崔艺伟译. —广州：广东人民出版社，2024.5

书名原文：KINGS & QUEENS OF EUROPE

ISBN 978-7-218-17274-3

Ⅰ.①欧…　Ⅱ.①布…②王…③崔…　Ⅲ.①皇室—史料—英国　Ⅳ.①K561.06

中国国家版本馆CIP数据核字（2024）第007487号

OUZHOU DE GUOWANG HE NüWANG
欧洲的国王和女王

［英］布伦达·拉尔夫·刘易斯　著　王欢欢　崔艺伟　译　　版权所有　翻印必究

出 版 人：肖风华

责任编辑：陈泽洪　寇　毅
责任技编：吴彦斌　马　健

出版发行：广东人民出版社
地　　址：广州市越秀区大沙头四马路10号（邮政编码：510199）
电　　话：（020）85716809（总编室）
传　　真：（020）83289585
网　　址：http://www.gdpph.com
印　　刷：北京中科印刷有限公司
开　　本：710毫米 × 1000毫米　　1/16
印　　张：19.5　　　字　　数：334千
版　　次：2024年5月第1版
印　　次：2024年5月第1次印刷
定　　价：98.00元

如发现印装质量问题，影响阅读，请与出版社（020-87712513）联系调换。
售书热线：（020）87717307

出品人：许 永
出版统筹：林园林
责任编辑：陈泽洪
　　　　　寇 毅
特邀编辑：尹 璐
封面设计：刘晓昕
内文制作：张晓琳
印制总监：蒋 波
发行总监：田峰峥

发　　　行：北京创美汇品图书有限公司
发行热线：010-59799930
投稿信箱：cmsdbj@163.com

创美工厂
官方微博

创美工厂
微信公众号

小美读书会
公众号

小美读书会
读者群